北京市社会科学基金项目
项目编号：17GLC057

基于PPP模式的特色小镇组织治理及应对策略研究

陈 震 著

中国建筑工业出版社

图书在版编目（CIP）数据

基于PPP模式的特色小镇组织治理及应对策略研究 / 陈震著. —北京：中国建筑工业出版社，2021.9
ISBN 978-7-112-26577-0

Ⅰ.①基… Ⅱ.①陈… Ⅲ.①小城镇—社会组织管理—研究—中国 Ⅳ.①D669.3

中国版本图书馆CIP数据核字（2021）第188841号

基于特色小镇的研究表明，政府在特色小镇资源配置中起到了基础性作用，基于基础设施群的建设和运营效能提升，因而引入PPP模式实现。PPP模式中特许经营公司处于核心地位，监督机构与子项目的信息沟通可有效制约特许经营公司行为。从特许经营公司视角，建设阶段重点关注进度、质量和成本，也考虑建设阶段如何助力运营阶段效能释放，同时特许经营公司关注培养从事PPP全过程的实践人才。

责任编辑：朱晓瑜
版式设计：锋尚设计
责任校对：赵　菲

基于PPP模式的特色小镇组织治理及应对策略研究
陈　震　著

*

中国建筑工业出版社出版、发行（北京海淀三里河路9号）
各地新华书店、建筑书店经销
北京锋尚制版有限公司制版
北京建筑工业印刷厂印刷

*

开本：787毫米×1092毫米　1/16　印张：10½　字数：131千字
2021年12月第一版　　2021年12月第一次印刷
定价：49.00元
ISBN 978-7-112-26577-0
（38138）

版权所有　翻印必究
如有印装质量问题，可寄本社图书出版中心退换
（邮政编码100037）

前　言

2014年以来，国内的特色小镇实践取得了长足的发展，与之对应，特色小镇的专题研究也成为国内社科研究的热点问题。虽然目前对特色小镇政策、产业链、方案、融资模式等方面的研究屡见不鲜，但是面向PPP模式的特色小镇建设管理和运营管理日益增长的复杂性要求，目前尚鲜有从管理视角切入特色小镇组织问题的研究。厘清特色小镇建设组织的特征，研究特色小镇建设与运营的组织演化、效能产生和可持续规律，成为本书聚焦的重点问题。

本书通过对PPP模式下特色小镇的概念界定、社会资本方投资意愿、治理策略和效能评价研究，并结合北京特色小镇建设和运营的实际情境，分别获得了以下结论：

在特色小镇概念界定方面，本书根据西方已有花园城市、边缘城市等的概念结合中国实践情境对特色小镇进行了重新定义，在此基础上进一步总结研究了特色小镇的现状、分类、特征，并对北京特色小镇的特征、PPP模式用于特色小镇基础设施建设的适用性、PPP模式开发特色小镇目前存在的组织问题等内容进行了定性分析。本部分研究价值在于：①将我国特色小镇和西方的花园城市、边缘城市进行了清晰的界定，对存在的差异特征分别进行了系统梳理，厘清了我国特色小镇建设和运营的价值和意义。②在此基础上，结合北京的城市定位，理论联系实践，提出了未来北京特色小镇的特征和发展方向。③根据PPP模式过往运营的问题，理论联系实践，提出特色小镇基础设施建设项目采用PPP模式的适用性和注意要点，为后续特色小镇基础设施建设项目的模式选择提供依据。

在社会资本方投资意愿方面，本书通过对山东体育休闲小镇的分析后将投资意愿划分为五大因素：利益相关者因素、社会资本方内部因素、外部环境风险因素、小镇建设的配套措施因素、小镇区位维度共16个指标，其中前两类因素影响程度较大。在此基础上，构建了投资意愿影响因素对投资意愿的线性回归模型，拟合结果显示，现有投资意愿影响因素较好地揭示了山东体育休闲小镇的社会资本方的投资意愿。本部分研究价值在于：①揭示了PPP项目核心利益相关方社会资本方参与特色小镇基础设施PPP项目的动机，为后续研究社会资本方行为预测提供了依据。②揭示了PPP项目核心利益相关方社会资本方参与特色小镇基础设施PPP项目的意愿，为地方政府为特色小镇基础设施建设招募社会资本方以及社会资本方的资格预审提供支撑和依据。

在治理框架和治理策略方面，本书基于实践和过往研究结合，总结了PPP模式下特色小镇建设组织的一般规律和特点。采用案例研究方法，在分析黑龙江特色小镇基础设施PPP项目建设阶段组织结构的基础上，根据交流频率和监管频率设置问卷询问各利益相关方，借助交流频率和监管频率表征利益相关方间的沟通情况和监管情况，构建利益相关方沟通网络和监督网络，并分别分析网络特征，基于社会关系，总结了特色小镇基础设施建设阶段组织信息传递规律，并进一步理论联系实践，结合现有沟通网络和监督网络的不足，提出基于关系的项目治理策略和治理框架。本部分研究认为PPP模式特色小镇基础设施建设组织的本质是一个复杂项目群系统，存在政府与社会资本方、不同层级间的业主、业主与总包、总包与分包等多重跨组织矛盾共存，其中政府与社会资本方、不同层级间的业主矛盾为特色小镇组织的主要矛盾，应从人才的复合性、组织沟通的交互性、组织监督的全面性等方面健全项目的组织内与组织间的治理机制与信息有效传递和有效反馈机制，降低信息传递的延迟、误差、不对称，加强组织内部利益相关方协作的必要性认识。本部分研究的理论意义在于揭示了复杂项目群组织建设阶段的信息交流和监督规律，基于信息传递视角阐释了复杂性的特征。实践意义在于分析了特色小镇PPP项目在项目治理中存在的问题，并提出了策略和框架，为实践决策提供参考。

在效能评价方面，本部分研究根据组织所处阶段和评估层次不同，分成了对项目效能和对项目未来可持续性的评价两部分。

由于不同利益相关方视角差异，对项目的理解存在差异，进而对项目效能的评价指标存在巨大差异，直接影响项目效能的合理评价。本书选择与项目整体利益最接近的项目建设阶段的管理方和运营方——特许经营公司为视角和调研对象，通过向不同PPP特色小镇基础设施建设项目特许经营公司员工进行问卷调研的形式，面向京津冀地区和长三角地区的部分文旅型小镇项目组织进行访谈和调研，在数据分析的基础上，将特色小镇项目效能分为八个因素：项目"三控"效果、项目利益相关方满意度、员工主动工作、项目目标实现度、项目团队未来竞争力、项目人际关系、PPP项目未来运营效率、项目参与方参与度共35项指标。本部分的研究价值在于构建了面向建设阶段的PPP模式特色小镇项目的微观层面效能评价指标体系，为PPP模式特色小镇项目效能评价提供特许经营公司视角的支撑,也为特许经营公司进一步改进建设阶段项目管控提供依据。

在对项目未来可持续性研究中,本书仍然以京津冀地区和长三角地区的文旅型小镇组织进行访谈和调研,将特色小镇可持续性分为经济、社会、环境三大因素共36项指标,确定了指标的权重,并通过北京Y镇案例进行了验证和修正。本部分的研究是对建设阶段项目效能研究的延伸,旨在构建能涵盖特色小镇项目建设阶段和运营阶段的宏观效能评价体系,为社会资本方和特许经营公司全过程建设和运营项目提供依据。

本书面向PPP模式下特色小镇基础设施建设组织,在清晰界定特色小镇内涵和PPP模式适用性的基础上,将组织理论、复杂管理理论等应用于特色小镇组织,通过社会网络方法、调研访谈、问卷研究等方法,定性与定量结合构建符合PPP模式下特色小镇组织特征的社会资本方投资意愿研究、治理策略研究和效能评价研究,从理论上进一步扩展了组织理论,将PPP模式下项目群组织的研究进一步深化,从实践上,根据北京地区的现实特点,分别提出面向北京未来建设和运营情境和面向PPP模式特色小镇基础设施建设组织的建议,以便未来建设特色小镇时给予相应的参考建议。

感谢北京建筑大学城市经济与管理学院给予我硬件及软件的支持,感谢我的导师同济大学何清华教授,感谢我的硕士研究生赵雅琦、许梦奇、汤子欣进行了校对和修订等工作,以及在编书过程中给予我帮助的北京建筑大学城市经济与管理学院周霞书记、孙成双院长、姜军教授,硕士研究生邓孟桠、杜卓群、狄凡、毕添宇、王楠、石宇等。最后，我还要感谢北京市哲学社会科学基金委和北京建筑大学，正是因为有了北京市社会科学基金委（项目批准号：17GLC057）和北京建筑大学金字塔人才培养工程（JDYC20200320）的资助，本书的编写工作才更有保障，我们的研究工作才能更顺利地开展。感谢所有关心、帮助与支持过我的人。

虽然我们投入了大量的时间与精力，在编写的过程中也力求不出纰漏，但错误与不当之处在所难免。如果您发现有任何问题，或者对本书有任何意见与建议，欢迎随时与我联系，电子邮箱：chenzhen@bucea.edu.cn，谢谢您的厚爱与支持！

目 录

第1章 基于PPP模式的特色小镇内涵研究　　1
1.1 特色小镇的概念　　2
1.2 特色小镇研究现状　　4
1.3 特色小镇研究的意义和目的　　8
1.4 特色小镇的分类　　10
1.5 新型特色小镇的特征　　12
1.6 PPP模式与特色小镇结合的可行性　　15
1.7 PPP模式下特色小镇现有问题　　17
参考文献　　18

第2章 基于PPP模式的特色小镇基础设施建设社会资本方：参与意愿及影响因素研究——以运动休闲小镇为例　　23
2.1 文献综述　　24
2.2 意愿影响因素识别　　27
2.3 意愿影响因素分析　　34
2.4 结论及建议　　44
2.5 对PPP模式下特色小镇社会资本方引入的启示　　56
参考文献　　57

第3章 基于PPP模式的特色小镇建设项目治理　　61
3.1 文献综述　　61
3.2 PPP模式下特色小镇组织特色　　65

3.3	PPP 模式下特色小镇组织网络的构建	67
3.4	PPP 模式下特色小镇组织网络分析	70
3.5	PPP 模式特色小镇建设项目治理框架设计	86
3.6	结论	88
3.7	研究理论意义	89
3.8	研究实践意义	90
3.9	对 PPP 模式下特色小镇建设项目治理的启示	92
参考文献		93

第 4 章　基于 PPP 模式的特色小镇组织效能评价体系的构建及实证研究　　98

4.1	文献综述	98
4.2	特色小镇组织效能因素的识别	100
4.3	特色小镇组织效能评价体系的构建	105
4.4	数据收集	106
4.5	单维性和信度检验	106
4.6	研究结果	113
4.7	对 PPP 模式下特色小镇组织效能评价的启示	116
参考文献		118

第 5 章　基于 PPP 模式的特色小镇可持续性评价
——以文旅小镇为例　　123

5.1	文献综述	123
5.2	特色小镇可持续性发展因素的识别	124
5.3	特色小镇可持续性评价体系的构建和讨论	131
5.4	特色小镇可持续性评价权重的获取	136

5.5	研究结论	138
5.6	特色小镇可持续性评价体系的实证	139
5.7	对 PPP 模式下特色小镇可持续性的启示	143
参考文献		145

第 6 章　基于 PPP 模式的特色小镇建设策略及建议　147

6.1	PPP 模式下特色小镇建设开发策略	147
6.2	特色小镇建设开发策略	150

第 7 章　总结与展望　154

7.1	本书的研究内容和价值	154
7.2	本书的研究不足及未来研究展望	157
参考文献		158

第1章 基于PPP模式的特色小镇内涵研究

国家统计局发布的全国第七次人口普查数据，截至2020年，我国常住人口城镇化率达到63.89%，逼近发达国家70%的城市化率，标志着我国持续数十年的城市化建设已处于末期。如何促进中国城市化建设转型，继续促进中国城镇由粗放型发展向集约型发展转变，成为近年来区域经济研究的重要问题。随着产业分工的细化和产业集聚的深化，以一到两个特色产业为主要产业的分布式块状经济代替传统城市的面状经济逐渐成为新的发展趋势，这也成为特色小镇发展的最初雏形。

2014年，杭州提出编制《杭州市云栖小镇概念规划》，标志着实践层面我国第一个特色小镇的出现，2015年，云栖小镇被确定为省级特色小镇，得到了浙江省政府的肯定。2016年，《住房城乡建设部 国家发展改革委 财政部关于开展特色小镇培育工作的通知》（建村〔2016〕147号），正式提出在全国层面开展特色小镇的培育工作，并预计到2020年，全国培育1000个左右的特色小镇。近五年来，特色小镇成为国内区域经济建设的新亮点，得到了迅速发展，并形成了政府投资型、政企合作型等多种模式。

北京的特色小镇整体起步较晚。根据《住房城乡建设部 国家发展改革委 财政部关于开展特色小镇培育工作的通知》（建村〔2016〕147号）

精神和相关规定，认定了房山区长沟镇、昌平区小汤山镇、密云区古北口镇为第一批国家级特色小镇。根据《住房城乡建设部关于保持和彰显特色小镇特色若干问题的通知》（建村〔2017〕144号）、《住房城乡建设部办公厅关于做好第二批全国特色小镇推荐工作的通知》（建办村函〔2017〕357号）精神及相关规定，认定了怀柔区雁栖镇、大兴区魏善庄镇、顺义区龙湾屯镇、延庆区康庄镇为第二批国家级特色小镇。七个小镇的建设除古北口镇的古北水镇片区通过纯商业企业投资运营，其他均通过政府投资的方式完成，目前北京市范围内尚无特色小镇通过PPP模式完成，因此，本书只能基于PPP模式与特色小镇结合的国内案例进行实证研究，并分析北京地区特色小镇的特征和发展方向，分别给出PPP模式特色小镇和北京市特色小镇发展的政策建议。

由于特色小镇是一个新生概念，难免存在界定不清晰、运行不清晰等诸多问题，本部分内容通过对特色小镇和PPP模式的分析，界定相关概念，找到PPP模式与特色小镇结合的必要性和可行性，并进一步提出PPP模式特色小镇组织模式现有实践问题，为后续研究确定研究边界。

1.1 特色小镇的概念

目前国内特色小镇的定义边界与国外的小城镇的定义边界尚存在一些差异。1898年，霍华德认为特色小镇是具有建筑特色的小城镇，它为城里的居民提供足够多的工作机会；有足够的空间为市民提供阳光、空气和优雅的生活；城镇周围被绿化带环绕，不仅能为城镇人口提供农产品，而且能为他们提供休闲和娱乐场所；许多个这样的小城镇彼此分开，但同时又通过快速便捷的交通相互连接起来,从而形成一个能满足几十万人口全部需要的"社会化城市"(M. Helen,1990)。在此基础上,Joel Garreau提出了边缘城市的概念,认为边缘城市是位于原中心城市周围郊区新发展起来的商业、就业与居住中心,这些中心具备了典型的城市功能,但建筑密度显著低于中心城市(Roberds,1992)。近年来,欧洲出现了产业与城镇有机结合的空间发展模式,产业类型主要包括:制造业、农业、大学教育以及旅游业等,有些依托于城市,有些处于交通发达的节点,有些远离核心城市(宋瑞,2018)。

2015年以来,我国才对特色小镇有较为清晰的界定。浙江省人民政府认为,特色小镇是相对独立于市区,具有明确产业定位、文化内涵、旅游和一定社区功能的发展空间平台(朱莹莹,2016)。陈炎兵(2017)认为,特色小镇是相对独立于城市地区,具有明确产业定位、文化内涵、旅游功能和社区特征的发展空间载体,是实现生产、生活、生态融合的未来城市发展方向。鲁雪峰(2018)认为特色小镇是指依赖某一特色产业和特色环境因素(如地域特色、生态特色、文化特色等),打造的具有明确产业定位、文化内涵、旅游特征和一定社区功能的综合开发项目。盛世豪等(2016)认为,特色小镇是一种集特色产业的创新、生产、销售、服务于一体的新兴产业空间组织形式。张鸿雁(2017)认为,特色小镇是一种中国特色的乡村文化到城市文化的以国情、居民生活方式、就业为基础的中国文化重构。周晓虹(2017)认为,特色小镇既是产业转型,又是文化再造。

因而,相较于西方边缘城市的概念,我国的特色小镇是西方小城镇的进一步发展,对特色小镇的定义更为具象化,更关注特色小镇的产业分布与文化价值，具体而言：首先，我国的特色小镇在区位和产业上均更强调独立于市区，运营上不与城市产生较多协作关系，而非城市的有机延伸。其次，我国的特色小镇更加强调小镇的城市文化传承，基于我国城乡二元文化结构，我国的特色小镇更强调小镇内部拥有自身的核心价值和吸引力，强调社区文化的归宿感，强调自身产业下的文化，而非城市内的普适性文化（张鸿雁，2017）。最后，我国的特色小镇在微观层面的产业结构上，产业定位更清晰明确，产业更单一，通常只围绕一种产业发展，不强调"以产带城"，不鼓励商业和住宅超过产业需求发展。最后，我国的特色小镇对建筑式样多样性需求偏低，我国目前的特色小镇对功能性强调大于装饰性。

故本书认为，我国的特色小镇是在生态承载力下，一种相对独立于城市区位和产业的，具备自身特有价值和文化的，围绕单一产业全流程（这种产业包括但不限于某一特定的制造业、农业及农业加工仓储销售、高等教育及教育配套、以景点为核心的旅游全套服务等）聚集构建的以功能为主导的镇级社会组织形式。

1.2 特色小镇研究现状

由于特色小镇是一个研究背景而不是一个确切的学术概念，因而学术界对于特色小镇的研究问题涉及较广，不同领域学者基于特色小镇背景，结合产业特征、可持续性等未来发展的关键议题，分别从多个角度对特色小镇的内涵、类型、发展状况、发展策略进行了剖析，为特色小镇的建设指明了未来的趋势和方向，统筹了特色小镇的新规划。

特色小镇因区位不同，政策、发展状况也随之不同，特色小镇的顶层制度设计也存在一定差异。熊正贤（2019）通过分析不同区域的特色小镇政策，发现特色小镇的建设仍然存在管理主体多元、责任混乱、缺乏统一标准、政策共性有余、地方个性不足等问题。他指出国家可以尝试建立"中央—地方—特色小镇管理委员会"三级管理体系。而郝华勇（2017）指出，在欠发达地区，特色小镇的建设需要在产业升级、城镇空间组织、科技、文化等方面做出努力。王建廷（2018）分析了京津冀协同发展中心区域的定位，并提出了中心区域特色小镇的发展策略。涂波（2019）提出了新的特色小镇规划，即从景观层面出发规划特色小镇。他以中国玫瑰谷概念规划为例，以景观优先，进行景观资源评价、探讨景观生态格局、分析空间架构组织、利用情景引导体验、讨论布局形态塑造和落地实施应用，对六项内容进行叠加演进，为新型城镇化建设提供新思路。陈可石（2019）引入"全域+"理念，以广东省河源市古竹镇特色小镇为研究对象，从4个层面、6个维度提出了具体的特色小镇规划策略。

特色小镇是整合的高密度产业聚集区，因此，实现空间从无序到有序的转变具有重要价值。具体而言，谢宏（2018）以浙江省189个特色小镇为研究对象，分析得出浙江省特色小镇的空间结构属于凝聚型，即空间分布趋于集聚，而影响小镇分布的主要因素为经济、人口数量、产业集群和城镇化水平。段进军（2018）利用空间生产理论对特色小镇建设提供理论指导，同时对城镇化建设进行空间视角的反思。蔡宇超（2019）以全国403个特色小镇为研究对象，指出要实现特色小镇的有序理性发展，必须认清现状，加强城市群的空间联系，重视区域发展的基础条件，引导空间规划与调控机制。在乡村振兴背景下，从空间重构与镇村联动角度出发，熊正贤（2019）以贵州朱砂古镇和千户苗寨为分析对象，归纳了特色小镇的发展经验和规律，他指出，镇村联动发展要以特色小镇的空间重构为起点，开放性要好，且特色小镇重构需"破立结合"。

特色小镇的内核是特色小镇的文化，因此，打造符合特色小镇产业分布特征的独特文化成为文化建设的重要问题。陈立旭（2016）指出，文化在推动特色小镇建设过程中起着引领、渗透、凝聚的作用，我们需要强化文化特色，培育创业创新文化。王丹（2019）指出特色小镇建设的灵魂是文化，特色小镇的"内核"也是文化，每个特色小镇都要有自己独特的文化标识。赵兴国（2018）也指出要使特色小镇与美丽乡村建设协同发展，少数民族地区必须依托独有的民族文化资源。而王毅（2019）更进一步研究了特色小镇中的历史文化街区，他认为，为了使特色小镇保持活力、形成特色，需要对其进行保护修缮和再利用。但是，很多地方不仅没有突出"特色"，反而给生态带来了巨大隐患。那么，什么是特色呢？王小章（2016）指出，特色应该是自然发展的、独具性格的生活形态，是由人们的生活水平及生活方式（包括物质、制度、精神的形态）形成的。

特色小镇是多目标复杂系统体系，因而多目标下多资源的有机整合成为研究的重要方向。卢梅（2019）以陕西省5个特色小镇为研究对象，阐释了特色小镇建设的效果和发展的推动力，构建了有关评价特色小镇与特色产业的指标体系，为未来特色小镇的发展提供理论依据。从资源整合理论的角度来说，李志强（2019）以浙江典型特色小镇为研究对象，从环境、组织、制度三种资源入手，挖掘特色小镇资源的价值性、集聚性、独特性和不可替代性，提出了建设特色小镇的三种政策途径：协调性、盟约性和统合性。

作为特色小镇，其产业发展与城市的显著不同在于其绿色生态的外部支持。李涛（2017）探讨了特色小镇开发的融资途径，从基础设施的建设、重大项目方和中小型企业三个主体角度进行分析。为了响应国家号召，将新的经济增长点向绿色金融迈进，李清文（2018）指出，建设特色小镇，需要发挥其绿色生态优势，完善各种绿色政策。我国大力推进文化旅游、全域旅游等战略方向，同时养生旅游也受到了全球关注，基于此，谢晓红（2018）研究了我国康养旅游型特色小镇的发展模式和影响因素。她选取了不同区域的特色小镇（中东西部），从四个方面（地理区域、气候、资源以及特色产业）进行分析，得出结论：气候是我国康养旅游型特色小镇依赖的重要特色，为未来康养旅游业的发展提供指导经验。郭永久（2017）指出，在特色小镇发展过程中，由文化旅游产业带来的旅游资源已经成为助力其发展的现实优势。朱宝莉（2019）指出，全域旅游实施的重要载体是特色小镇，特色小镇的统筹规划可以遵循全域旅游发展的理念。

制约特色小镇发展的重要问题是农村集体土地的有效利用。避免特色小镇成为旅游、住宅综合体是特色小镇重点需要规避的问题。袁星（2019）对商贸流通特色小镇的发展现状、趋势进行了分析。在对中西部农业特色小镇的研究中，张颖举（2019）发现了一些问题，如：小镇特色概念被滥用，盲目建设，产业化基础薄弱，乡村旅游成为运营重点，房地产开发倾向严重等。宋宏（2019）指出，农业特色小镇的发展需要解决土地问题，这是核心问题。文章讨论了集体土地作价入股农业特色小镇的方式。而在更早之前，强海洋（2017）就指出，特色小镇建设的核心问题是土地利用，这已成为特色小镇持续发展的重要因素。

面向特色小镇的可持续创新，徐梦周（2016）以梦想小镇为例对特色小镇的发展进行研究，她结合创新生态系统的内涵、特征，提出了小镇持续运营的重要保障：创新激励机制、协同整合机制等。

面向特色小镇的民生问题，罗翔（2017）以上海郊区为研究对象，分析了特色小镇规划建设的发展状况，提出了发展产业优势，以人为本，完善公共服务等新的治理经验。

综上所述，特色小镇研究刚起步，目前研究仍然比较庞杂，面向实践的各方面问题，已有较多研究成果。目前学者们的研究重点仍然聚焦于特色小镇顶层制度设计、特色小镇的空间分布、特色小镇的文化、特色小镇的绿色和可持续发展等问题。而对特色小镇的融资模式、组织模式等方面的研究仍然偏少。虽然陈炎兵等（2017）提出了采用PPP模式建设特色小镇的融资方案，但尚未深入到实践层面面向特定小镇开展融资方案设计。而融资模式又直接决定了项目的组织模式。项目的组织模式又直接影响了项目效能的实现。因此，特色小镇的组织模式研究具有较大的潜力和研究价值，研究结论可直接服务于特色小镇建设实践。

1.3　特色小镇研究的意义和目的

1. 研究目的

目前现有对基础设施PPP融资模式的研究虽然初具规模，但是针对特色小镇的研究还极为欠缺，特别是针对特色小镇PPP融资模式下组织模式的研究，基本是学术界较少涉及的领域。项目融资模式的不同造成了特色小镇组织结构的差异，而这一差异又显著影响了特色小镇的项目治理研究和效能评价研究。目前，对PPP项目的研究大多数建立在绩效评价体系基础上，主要着眼于对客观指标的评价，对"人"的因素在项目管理中的作用尚缺乏比较完整和科学的评价指标体系，对特色小镇的评价更是缺乏。因此，目前研究成果较少，亟须通过进一步研究完善相应理论框架。因此，本书主要内容包括：

1）界定特色小镇PPP项目的内涵

特色小镇建设是一项系统工程。它需要国民经济的多个部门协同完成。然而不同地区特色小镇建设又有其各自的特色，此外采用PPP模式又使特色小镇的建设更加复杂。因而有效界定特色小镇的边界对特色小镇的研究具有基础性意义。

2）深入探讨特色小镇PPP项目的协同合作

特色小镇PPP项目的工程技术条件较为成熟，然而复杂的利益相关方关系使得建设过程面临前所未有的挑战。因而如何设计一个有效的机制协同各利益相关方的关系和利益，从而保证项目增值目标的实现，显得尤为重要。本书尝试通过项目治理的方式，在充分吸取国内外项目治理经验的基础上，讨论项目自然状态下利益相关方的关系及如何采取措施改进他们之间的关系，实现其目标，从而为国内各省特色小镇PPP项目积累宝贵的经验。

3）完善特色小镇PPP项目的效能评价指标体系

北京新型特色小镇PPP项目效能评价指标体系，需结合北京特色小镇发展现状和未来发展规划，综合以往研究文献分析，建立一套适合特色小镇PPP项目发展的指标评价体系，并将指标细化，形成二级和三级指标，分别确定指标权重，进行综合的效能评价。根据北京特色小镇发展现状，提出相关建议。

2. 研究意义

1）目前对于特色小镇的研究较少，特别是对于PPP模式下特色小镇的研究探索尚不充分，本书通过对组织结构、组织模式的研究，进一步扩充特色小镇项目和PPP模式下项目组织研究的理论体系，为实践研究提供理论支撑。

2）对于特色小镇PPP项目而言，由于其融资模式的不同和片区开发项目的复杂性，PPP项目组织协作是多种组织传导的复合叠加。因而厘清组织信息传输模式对PPP项目组织的运行管控具有重要的实践意义。

3）对于特色小镇PPP项目而言，其组织效能评价长期以来缺乏一个较为有效的衡量标准。本书尝试构建一个组织效能的评价体系，为后续组织效能评价提供面向实践的量表，具有重要的实践意义。

1.4 特色小镇的分类

对于特色小镇，目前尚无各方均可接受的较为统一的分类。本书以实践分类为基础［根据清大文产（北京）规划设计研究院对特色小镇产业发展方向的分类］，进一步凝练分类，并在整合现有学术研究成果的基础上，将特色小镇分为以下三种类型。

1. 文化旅游型

文化旅游型特色小镇是指基于本地的历史文化遗产、自然生态环境、资源禀赋和生产过程，依托民俗、民族文化、生态环境等资源及资源生产开发过程，发展的以人文参观、自然旅游、体验式生产、体验式消费为重点的特色小镇。该类小镇产业特点在于收入主要来源于旅游业，生产类产业受限。例如：北京密云古北水镇、山西平遥古城、北京怀柔雁栖小镇、浙江杭州西湖龙坞茶小镇、浙江桐乡桑蚕小镇等。

2. 城郊休闲型

城郊休闲型特色小镇是指基于本地常住居民，发展的城郊休闲型小镇，重点突出适应本地常住居民偏好的休闲娱乐、休闲观光体验，并有一些旅馆可供短期居住，一般位于都市旅游圈（车程2小时）之内，基础设施建设需完善。该类小镇的特点在于收入主要来源于附近城市居民的居住休闲活动，与附近城市居民存在文化高度一致。例如：北京昌平小汤山小镇、杭州临安颐养小镇。

3. 特色产业型

根据附近基础设施配套、产业集聚情况、附近居民人群特征，发展特色产业型小镇，立足当地资源、区位以及产业等基础条件，突出精致、突出特色、突出小规模，向新兴产业、传统产业升级、高端制造产业、金融创新产业、文化创意产业五大方向迈进。该类小镇的特点在于收入主要源于从事先进第二产业或第三产业的生产工作，环境作为促进生产效率的间接要素，不直接产生收入。例如：浙江嘉善巧克力甜蜜小镇、浙江杭州云栖小镇、浙江杭州萧山机器人小镇、北京大兴魏善庄空港服务小镇、北京房山区长沟基金小镇、山东潍坊国际运动休闲小镇、浙江杭州滨江创意小镇等。

本书认为，不同类型的小镇由于功能不同，其生产模式和生产效能亦存在一定差异。因而对不同特色小镇进行分类研究有助于细化特色小镇管理及治理，制订针对性更强的管理及治理策略。

1.5 新型特色小镇的特征

与传统行政建制镇比起来，新型特色小镇的特征体现在：

1）特色小镇发展的产业是特色产业和新兴产业，是国家政策重点扶持的产业，而传统行政建制镇下的产业仍然以农业和劳动密集型制造业为主。

2）特色小镇对周边的农村建设具有示范带动作用，是对特色产业新发展模式的探索，在本区域有一定的示范性和推广性，而传统行政建制镇不具有较好的示范带动作用。

3）特色小镇按照常住人口规模配置基础设施，全面放开落户限制，按社区标准完善小镇服务功能，提升基础设施服务能力。而传统行政建制镇按照户籍人口规模配置基础设施，按建制镇标准配置服务功能。

4）特色小镇在建设阶段就注重"碳中和"理念的规划设施，强调小镇建设的绿色和可持续，打造宜居宜工作的生态环境。而传统行政建制镇短期内无法解决小镇绿色和可持续的问题。

与传统行政建制镇比起来，新型特色小镇与之相似之处体现在：

1）新型特色小镇从行政上分类也属于建制镇，是在传统建制镇基础上的延伸和拓展。根据《住房城乡建设部 国家发展改革委 财政部关于开展特色小镇培育工作的通知》（建村〔2016〕147号），特色小镇原则上为建制镇。宋为、陈安华认为特色小镇的本质是以建制镇行政边界为基础、围绕其自身职能定位自上而下提出的，以"特色小镇"之名来发展的传统小城镇（宋为，陈安华，2016）。因此，首先，特色小镇的开发是政府规划、政府提供基础设施基础上的商业企业开发，建制镇商业开发由政府规划、政府提供基础设施进行的村办企业开发，因而政府无论在特色小镇还是传统建制镇开发过程中均具有基础性地位（朱莹莹，2016）。其次，特色小镇与建制镇一样，行政级别为镇级，其发展规模、发展形式与省级、国家级开发区、高新区、产业园区的开发和建设具有显著差异。

2）新型特色小镇是对特色产业的创新、生产、销售、服务于一体的新型产业空间组织形式（盛世豪，张伟明，2016）。因此，新型特色小镇更多的是通过"横向一体化"战略或"纵向一体化"战略对建制镇产业进行指导和整合，剥离无关主业的产业，增加与主业相关产业的结果。因此，特色小镇对产业的规划是在过往建制镇粗放发展产业，"什么赚钱发展什么"基础上对产业进行的一次科学优化，旨在做大做强建制镇的已有产业，或者在建制镇不知道发展何种产业时为建制镇的产业发展指明方向和路径。因此，特色小镇的产业选择和发展与建制镇的乡镇产业选择和发展具有内在关联性。

对于本书的主要目标北京而言，作为我国的首都和北方核心城市，其面临的特殊环境和特殊地位也决定了其特色小镇发展与南方先进省份存在着显著差异。

北京与目前特色小镇发展较为领先的浙江、四川、贵州等地资源禀赋不同，城市定位亦存在差异（盛晓雪等，2016），因而发展特色小镇具有显著不同。长期以来，北京城市的发展程度与环京城市圈的发展程度不协同（冯晶，2014），如何借助北京特色小镇在解决北京自身发展矛盾的同时促进京津冀地区协同发展成为北京特色小镇发展的重要任务。具体表现在：

1）北京发展特色小镇具备首都定位。近年来，基于实证的研究表明，北京的空间聚集度正在不断加强（朱鹤等，2015）。而基于过往研究表明，虽然各个国家都存在指向首都的经济产业聚集，但对于北京这类单城多功能类首都，多根据经济产出形成首都圈的向心空间层级，达到首都功能辐射（Petersen, & Eric, 2015; Dascher, 2010）。因而，首都情境的特色小镇作为首都外围区功能辐射的载体而存在，是首都外围圈层产业聚集的重要节点。具体而言，第一，北京特色小镇是疏解非首都功能的重要途径。根据《北京城市总体规划（2016—2035年）》，北京城市战略定位是全国政治中心、文化中心、国际交往中心、科技创新中心。此外，北京还承担着华北地区重要的经济、教育、医疗、交通、物流中心等功能定位。这些功能中，除了政治中心是首都的核心功能，其他产业均可发展相关特色小镇。第二，北京特色小镇是疏解首都人口的重要途径。虽然自20世纪90年代以来，北京积极促进核心功能区人口向外迁移，但效果与目标仍存在差距，其原因在于功能发展新区有人口聚集，但无产业支撑（肖周燕等，2015）。特色小镇的发展促进了产业的外迁，有助于核心功能区相关产业员工主动外迁，因而北京的特色小镇建设应当包括足以容纳相关产业员工的住宅、商业、教育、医疗和基础设施配套。

2）北京发展特色小镇应以发展高效率制造业为主，同时与京津冀地区的产业特色相匹配。京津冀地区产业发展的特点是服务业、交通运输及仓储业、金属冶炼、非金属矿物制品业、化学工业等占据重要地位（胡澜，2017），提升该类产业的生产效率，降低京津冀地区的污染，对京津冀地区的可持续发展有积极促进作用。因而北京邻近天津、河北的地区可以围绕上述产业发展少量样板特色小镇。通过该类特色小镇建设，促进相关产业集聚和集中管理，促进污染集中处理，减少生态破坏，对天津、河北地区该类产业可持续发展起到示范带动作用。

3）北京发展特色小镇强调行政与市场相结合。特色小镇的发展应当以"市场为导向，行政为引导"，强调特色小镇选址定位的产业内生性，因地制宜选择产业（朱莹莹，2016），强调市场在特色小镇建设中的基础性地位，在足够的自然资源和社会资源前提下发展特色小镇。增加企业在特色小镇建设中的决策权，增强政府在特色小镇建设中的审批权。将特色小镇当作永续产业打造，需要论证其可持续性，减少投机主义倾向。

4）北京发展特色小镇是实现首都可持续性发展的重要途径。已有研究表明，北京城区在现有生态系统支持下城市空间增长存在阈值上限，且北京目前发展已濒临该上限（张有坤等，2012）。而北京发展仍需继续，因而构建北京特色小镇应当远离北京城区现有的生态系统，减轻北京城市的生态生存压力。

1.6 PPP模式与特色小镇结合的可行性

当前，学术界对于PPP模式的研究涉及交通、运输、医疗、养老、环境保护、水利、能源、教育、文化等公共服务领域建设项目，综上所述，PPP模式可应用某类项目的特点在于：首先，PPP模式必须面向基础设施，不能面向商业开发类项目；其次，PPP模式必须针对有一定收益的项目，必须能够采用使用者付费模式。对于特色小镇建设而言，政府在特色小镇中做的主要工作就是特色小镇的一系列基础设施群的建设，这类项目不属于商业开发，在招商引资之后基础设施的长期服务又能长期稳定地获得一定的现金流，所以将PPP模式引入特色小镇基础设施建设项目具有可行性。事实上，目前将PPP模式应用于特色小镇基础设施建设方面的研究较少，且集中于分析特色小镇PPP项目中的运营模式和风险分担，而对组织的研究明显偏少。

朱焱等（2018）基于可行性逻辑关系的视角，对我国运动休闲小镇建设运营的PPP模式进行了研究，他指出政府应选择优质的社会资本方。同时，陈旭斌等（2018）分析了在特色小镇PPP项目中影响社会资本收益的因素构成，他指出，保障社会资本方的利益，调动社会资本方的积极性是PPP项目可持续运营的重要内容。王珊等（2019）对我国PPP模式下体育特色小镇的作用机制进行了分析，提出了体育特色小镇的建设策略：政府和企业需共同努力，发挥各自优势等。

魏蓉蓉等（2017）探讨了特色小镇PPP创新支持模式以及PPP模式应用于特色小镇的必要性和可行性，推动了特色小镇建设的投融资体制创新。而为了进一步研究，魏婷等（2018）基于"PPP创新金融支持模式"视角，研究了我国运动休闲小镇的建设。她指出，PPP通过三种创新金融支持模式助力运动休闲特色小镇的建设，包括：运营、体育基础设施、体育产业金融支持模式。李明（2017）基于对若干体育小镇的思考，研究了PPP模式应用于公共体育服务项目的回报机制。张春平（2018）研究了特色小镇PPP项目中证券化税务的问题，剖析了各参与主体在各环节的税务处理。邵桂华等（2017）研究了运动休闲小镇PPP建设模式的十种风险，确定了运动休闲小镇PPP项目的关键利益相关者：政府和社会资本方。同时提出了政府和社会资本方风险分担的方式。朱东阳（2017）基于社会资本方的视角，识别了特色小镇PPP项目中主要的法律风险，他认为社会资本方需要充分认识项目的法律风险，并采取积极措施规避风险。

1.7　PPP模式下特色小镇现有问题

综合上述已有研究内容，本书认为目前PPP模式下的特色小镇现有问题体现在以下几个方面。

1. 特色小镇基础设施建设社会资本方参与协作意愿不清晰

PPP模式特色小镇建设与其他融资模式特色小镇的显著不同在于其包含了社会资本方的参与，并由社会资本方主导的特许经营公司（SPV公司）作为运营主体。然而，社会资本方基于何种动机参与特色小镇项目的建设、运营，直接决定了社会资本方在建设和运营阶段的行为。因此，特色小镇协作复杂性的重点和难点均在社会资本方的参与和协作。

特色小镇自建立伊始，始终面临着盈利模式不清晰的问题，为了明晰盈利路径，提升盈利能力，政府部门进而愿意通过PPP模式实现特色小镇基础设施建设项目。但面对市场主体参与度不高，社会资本方主体选择有限的问题，其PPP模式特色小镇的方案比选空间有限。大部分PPP特色小镇项目社会资本方往往在深度不确定中开展该类项目，再加上协作沟通中可能出现的误差，进而造成作为利益相关方的主导力量——社会资本方对项目未来发展缺乏顶层设计，"走一步看一步"，进而在项目实施阶段的行为出现一定偏差，具体表现为目标短期化、投资到账率低等现象。因此，了解社会资本方的参与意愿和影响因素，进而消除或减少社会资本方的不确定性，对后期纠正社会资本方的行为偏差显得十分必要。

2. 特色小镇基础设施建设项目作为复杂项目群，组织管理缺乏有效的治理模式和治理策略

特色小镇的建设是一个复杂项目群工程，该类工程的特征在于虽然技术上未必一定复杂，但参与利益相关方众多，与项目整体的利益不完全一致，利益主体权责不一致，因而组织复杂性成为该类项目复杂的核心问题。单一主导方的管理无助于解决问题，因此，需要一个强有力的治理模式协调各利益相关方的权责，基于此形成多条治理策略帮助项目利益相关方共同完成任务。

3. 特色小镇基础设施建设项目缺乏有效的效能评价体系

不同于传统建设项目建设–交付模式，特色小镇的建设需要考虑到建设后长期运营的问题，进而衍生出项目的可持续性、项目的建设期与运营期的工作协同性、项目的价值实现等一系列问题。因此，特色小镇的效能评价不同于以往项目建设效能、运营效能、全生命周期效能的评价，而需要面向项目群，考虑PPP项目价值实现，同时考虑全生命周期协同，以一套自身的价值体系予以实现。

参考文献

[1-1] 宋瑞. 欧洲特色小镇的发展与启示［J］. 旅游学刊，2018，33（6）：1-3.

[1-2] 朱莹莹. 浙江省特色小镇建设的现状与对策研究——以嘉兴市为例［J］. 嘉兴学院学报，2016，28（2）：49-56.

[1-3] 陈炎兵，姚永玲. 特色小镇——中国城镇化创新之路［M］. 北京：人民出版

社，2017.

[1-4] 鲁雪峰. 特色小镇的发展目标与建设策略——以金昌市为例[J]. 开发研究，2018（2）：123-128.

[1-5] 盛世豪，张伟明. 特色小镇：一种产业空间组织形式[J]. 浙江社会科学，2016（3）：36-38.

[1-6] 张鸿雁. 特色小镇建设与城市化模式创新论——重构中国文化的根柢[J]. 南京社会科学，2017（12）：59-67.

[1-7] 周晓虹. 产业转型与文化再造：特色小镇的创建路径[J]. 南京社会科学，2017（4）：12-19.

[1-8] 熊正贤. 特色小镇政策的区域比较与优化研究——以云贵川地区为例[J]. 云南民族大学学报（哲学社会科学版），2019（2）：104-116.

[1-9] 郝华勇. 欠发达地区打造特色小镇的基础差距与现实路径[J]. 理论月刊，2017（12）：165-170.

[1-10] 王建廷，申慧娟. 京津冀协同发展中心区域特色小镇建设路径研究[J]. 城市发展研究，2018（5）：7-12.

[1-11] 涂波，端木岐. 基于景观为先的特色小镇规划实践——以中国玫瑰谷概念规划为例[J]. 中国园林，2019（4）：69-74.

[1-12] 陈可石，冯晓，卓想. 基于"全域+"理念的广东河源古竹镇特色小镇总体规划实践[J]. 地域研究与开发，2019（1）：76-80.

[1-13] 谢宏，李颖灏，韦有义. 浙江省特色小镇的空间结构特征及影响因素研究[J]. 地理科学，2018（8）：1283-1291.

[1-14] 段进军，翟令鑫. 关于特色小镇空间生产实践的思考[J]. 苏州大学学报（哲学社会科学版），2018（5）：112-119.

[1-15] 蔡宇超，李永浮，朱冬奇. 基于空间视角的特色小镇发展问题与对策研究[J]. 江苏农业科学，2019（8）：317-323.

[1-16] 熊正贤. 乡村振兴背景下特色小镇的空间重构与镇村联动——以贵州朱砂古镇和

千户苗寨为例[J]. 中南民族大学学报（人文社会科学版），2019（2）：112-116.

[1-17] 陈立旭. 论特色小镇建设的文化支撑[J]. 中共浙江省委党校学报，2016（5）：14-20.

[1-18] 王丹. 中国特色小镇建设的文化融入[J]. 华南师范大学学报（社会科学版），2019（1）：16-19，189.

[1-19] 赵兴国，张东强. 特色小镇乡村旅游资源的深度开发——施甸摆榔金布朗风情小镇的实证研究[J]. 中国农业资源与区划，2018（10）：164-170.

[1-20] 王毅. 特色小镇建设中历史文化街区的保护、修缮和再利用——以上海新天地、思南公馆为例[J]. 建筑经济，2019（1）：117-120.

[1-21] 王小章. 特色小镇的"特色"与"一般"[J]. 浙江社会科学，2016（3）：46-47.

[1-22] 卢梅，童兴娣. 特色小镇与其特色产业的耦合协调发展研究[J]. 商业经济研究，2019（5）：166-170.

[1-23] 李志强，魏婷. 资源整合理论视角下的浙江特色小镇培育探讨[J]. 农业经济，2019（4）：83-85.

[1-24] 李涛. 经济新常态下特色小镇建设的内涵与融资渠道分析[J]. 世界农业，2017（9）：75-81.

[1-25] 李清文，陆小成，资武成. 新时代特色小镇建设的绿色金融模式研究[J]. 生态经济，2018（10）：114-118.

[1-26] 谢晓红，郭倩，吴玉鸣. 我国区域性特色小镇康养旅游模式探究[J]. 生态经济，2018（9）：150-154.

[1-27] 郭永久. 特色小镇建设为文化旅游产业发展添动力[J]. 人民论坛，2017（27）：136-137.

[1-28] 朱宝莉，刘晓鹰. 全域旅游视域下民族特色小镇发展策略研究[J]. 农业经济，2019（3）：15-17.

[1-29] 袁星. 区域特色经济发展前瞻——以商贸流通特色小镇为例[J]. 商业经济研究，2019（1）：152-155.

[1-30] 张颖举,程传兴. 中西部农业特色小镇建设的成效、问题与对策[J]. 中州学刊,2019(1):50-55.

[1-31] 宋宏,顾海蔚. 乡村振兴背景下农业特色小镇可持续发展影响因素研究[J]. 东北农业科学,2019(2):75-80.

[1-32] 强海洋,谢海霞,刘志超. 特色小镇建设土地利用问题浅析[J]. 中国土地,2017(9):31-32.

[1-33] 徐梦周,王祖强. 创新生态系统视角下特色小镇的培育策略——基于梦想小镇的案例探索[J]. 中共浙江省委党校学报,2016(5):33-38.

[1-34] 罗翔,沈洁. 供给侧结构性改革视角下特色小镇规划建设思路与对策[J]. 规划师,2017(6):38-43.

[1-35] 盛晓雪,高鹤鹏,李晓宇. 沈阳市建设特色小镇的发展思路与规划策略[C]//中国城市规划学会. 规划60年:成就与挑战——2016中国城市规划年会论文集(15乡村规划),2016.

[1-36] 冯晶. 京津冀一体化背景下环京小城镇空间发展特征研究——以河北大厂为例[J]. 城市发展研究,2014(8):16-20.

[1-37] 朱鹤,刘家明,陶慧,等. 北京城市休闲商务区的时空分布特征与成因[J]. 地理学报,2015(8):1215-1228.

[1-38] 肖周燕,王庆娟. 我国特大城市的功能布局与人口疏解研究——以北京为例[J]. 人口学刊,2015(1):5-14.

[1-39] 胡澜. 京津冀产业复杂网络特征及动态演化研究[D]. 北京:华北电力大学,2017.

[1-40] 张有坤,樊杰. 基于生态系统稳定目标下的城市空间增长上限研究——以北京市为例[J]. 经济地理,2012(6):53-58.

[1-41] 朱焱,于文谦,戴红磊. 我国运动休闲特色小镇建设运营的PPP模式研究——基于可行性逻辑关系的视角[J]. 山东体育学院学报,2018(5):61-66.

[1-42] 陈旭斌,段永辉. 特色小镇PPP项目社会资本利益保障问题研究[J]. 现代经

济信息，2018（12）：8.

[1-43] 王珊，匡丽萍. 政企合作（PPP）模式下我国体育特色小镇建设机制研究[J]. 体育世界（学术版），2019（1）：55+51.

[1-44] 魏蓉蓉，邹晓勇. 特色小镇发展的PPP创新支持模式研究[J]. 技术经济与管理研究，2017（10）：125-128.

[1-45] 魏婷，张怀川，马士龙，等. 基于"PPP创新金融支持模式"视野下我国运动休闲特色小镇建设研究[J]. 沈阳体育学院学报，2018（5）：1-7.

[1-46] 李明. PPP模式介入公共体育服务项目的投融资回报机制及范式研究——对若干体育小镇的考察与思考[J]. 体育与科学，2017（4）：86-93.

[1-47] 张春平. 特色小镇PPP项目证券化税务问题探析[J]. 财务与会计，2018（9）：60-62.

[1-48] 邵桂华，郭利军. 运动休闲特色小镇PPP建设模式的风险分担模型研究[J]. 天津体育学院学报，2017（6）：461-467.

[1-49] 朱东阳. 特色小镇PPP项目主要法律风险识别和防范——以社会资本方为视角[J]. 改革与开放，2017（15）：70-71.

[1-50] Meller H. The garden city utopia: a critical biography of ebenezer howard: Robert Beevers (basingstoke and london: macmillan, 1988. pp. xi+199. 27.50)[J]. Journal of Historical Geography, 1990, 16（2）：251-252.

[1-51] Roberds W. Review essay on edge city: life on the new frontier（1991）by joel garreau[J]. Economic Review, 1992：53-56.

[1-52] Petersen, Eric. Andrésorensen and junichirookata (eds.), megacities: urban form, governance, and sustainability. library for sustainable urban regeneration, vol. 10 (new york: springer, 2011)[J]. Journal of Urban Affairs, 2015, 37（4）：501-502.

[1-53] Dascher K. Capital cities: when do they stop growing? Papers in Regional Science, 2010, 81（1）：49-62.

第2章 基于PPP模式的特色小镇基础设施建设社会资本方：参与意愿及影响因素研究
——以运动休闲小镇为例

PPP模式下特色小镇基础设施建设的研究，首先需要解决的是社会资本方投资特色小镇的意愿、投资金额、运营方式和盈利路径的问题。由于投资周期长、投资回报率不确定、政策环境和法律环境等存在不确定性，同时部分社会资本方本身项目运作方式较为粗放，使得社会资本方在信息不对称的环境下，对参与特色小镇基础设施建设存在各方面的疑虑。这种信息不对称的环境既表现为社会资本方对项目情况和参与环境了解程度的信息不对称，又包括政府对社会资本方需要了解信息的信息不对称。

不同于常规的政府投资模式，只有让社会资本方有合理收益，才能保证社会资本方的可持续性。社会资本方的满意度将影响项目利益相关方之间未来可能发生的合作和争端。因此，社会资本方及其控股的特许经营公司（SPV公司）是PPP模式特色小镇主要驱动的关键利益相关方。实际上，SPV公司一般由社会资本方控股运营，SPV公司的决策也就代表了社会资本方的决策。因此，本书对组织利益相关方特征的研究以社会资本方为主要研究方，从政府视角探索社会资本方的参与意愿和影响因素，消除政府对社会资本方需要了解信息的信息不对称，实现政府对社会资本方的再认识，进而提供有效信息，帮助社会资本方更快更全面地了解项目，减少社会资本方采用PPP模式完成特色小镇基础设施建设及运营的疑虑。

为适应不同受访者的工作环境，不同类型的特色小镇设计问卷题项存在一定差异，为进一步明确研究对象，本书以运动休闲小镇为例，开展调研分析工作。

2.1 文献综述

2017年，我国正式启动建设运动休闲特色小镇，由于运动休闲特色小镇具有产业交叉性，学术界对于运动休闲特色小镇的建设展开了激烈的讨论。学者们分别从"产城人文""产业融合""产业演化""品牌基因""互联网+"等视角对我国运动休闲小镇进行了发展路径研究。同时，汲取外国运动休闲小镇建设的优秀经验，结合我国经济、文化等现实情况，学者们设计了一系列可供参考的建设和运营路径与模式，并部分应用于运动休闲特色小镇建设与运营实践。

张雷（2018）分析了运动休闲小镇的内涵、类型、发展路径，指出"三个发展、两个效应"是运动休闲小镇发展的核心目标。王志文（2018）基于产业融合的视角阐释了运动休闲特色小镇的发展现状，探讨了其发展动力及融合过程，提出了众多方面的发展路径，如：运营模式、体制机制、产城融合等。吕晓林（2018）研究了体育特色小镇的内涵，指出体育产业和其他产业的融合可以促进体育产业的发展，滋润体育小镇的内在活力。基于产业演化的视角，柳鸣毅（2019）采用公共政策分析的方法，指出了产业驱动背景下运动休闲小镇建设的驱动力和演化动力、融合及创新机制。基于"产城人文"的视角,鲁志琴(2018)认为,我国体育特色小镇建设势必要认清"顶层设计"的必要性,理顺"顶层设计"的主要思路,找到"顶层设计"的现实路径。

基于文化视角,王松(2018)认为,运动休闲小镇的建设内核是传统体育文化,这可以提高小镇居民的文化自信,为小镇的特色持续发展提供动力,更利于传统体育文化的传承。李乐虎(2018)发现,当前,运动休闲小镇的建设存在"文化自觉缺失"现象,需要立足于传统体育文化、培育多样文化,强化文化监制、创新体育文化,促进现代与传统文化的融合发展。

基于"品牌基因"理论的视角,代方梅(2018)认为,建构体育特色小镇的品牌需围绕核心基因与品牌要素,多方面共同着力,如文化传承、运营机制、资源利用等方面。高振峰(2019)进一步指出,为解决核心基因与要素的缺失问题,可以依托资源禀赋来突出体育特色小镇的独特文化要素,提升品牌竞争力。

基于"互联网+"的视角,张潇潇(2017)提出了建设"互联网+体育小镇"的三大作用机制。陈洋(2018)认为,回头经济的成功可以助力运动休闲小镇的绿色发展,这需要探究区域的特色资源,开发优质的"回头资源":举办优质的赛事IP,提高市场占有率等措施。熊金凤(2018)从精准扶贫角度出发,分析了贫困地区运动休闲小镇建设的困难并提出了建议,如:因地制宜,立足于体育赛事,引进人才,建设智慧小镇。郭琴(2018)提出了体育特色小镇建设路径的二元模式,一是体育产业型特色小镇,二是小城镇体育发展型特色小镇。周文静(2019)基于系统论,提出了体育特色小镇建设与新型城镇化耦合发展的路径,分为耦合磨合期和契合期。司亮（2017）基于新马克思主义的空间生产理论，指出我国体育小镇空间生产的主要动力是明确资本和权力，即以资本推动小镇建设，以权力调控小镇发展。

目前国外运动休闲小镇的建设成果较成熟，董芹芹（2018）以法国霞慕尼运动休闲特色小镇为对象，分析了其发展过程和运营模式，从区位、产业、治理方面总结了霞慕尼小镇的建设特色和经验。提出中国运动休闲小镇的建设需要培育产业，刺激体育消费，做到生态保护等。张宝雷（2018）以加拿大惠斯勒小镇和蒙特贝卢纳小镇为例，提出我国建设体育特色小镇需要明定位，抓特色，重文化，引人才。叶小瑜（2017）以法国沙木尼高山户外运动小镇、依云小镇、爱尔兰香侬高尔夫球小镇、达沃斯冰雪运动小镇为例，指出我国运动休闲特色小镇的建设应注重以下问题：凝练特色、完善配套、营造文化、重视产业生态等。朱敏（2018）在分析了国外运动休闲小镇的发展类型后，也指出了与上述经验类似的启示。

运动休闲小镇的建设资金需求量大，仅靠政府的财政支持是远远不够的，因此，政府需要将社会资本纳入运动休闲小镇的建设中。李明（2017）指出，当前PPP公共体育服务项目未形成真正的投融资回报机制，而建设体育小镇也只是社会资本方的某种商业规划。

虽然学者们基于多种视角分析了运动休闲特色小镇的发展现状和路径，但对运动休闲小镇中社会资本方投资意愿未进行深入研究，因此，本书将聚焦于社会资本方投资PPP模式下的运动休闲小镇原因和意愿程度，寻找社会资本方投资意愿的阻滞路径，为优化社会资本方投资提供理论支撑。

当前，学术界对于PPP模式的研究涉及交通、运输、医疗、养老、环境保护、水利、能源、教育、文化等公共服务领域，而对应用于特色小镇建设方面的研究较少，且集中于分析特色小镇PPP项目中的运营模式和风险分担。

总之，目前已有研究集中于特色小镇PPP项目的运作机制及风险，却未以社会资本方的视角去分析社会资本方是否愿意参与特色小镇PPP项目，尤其是在各利益相关方对运动休闲小镇交互影响下对社会资本方产生的作用。因此，本书基于社会资本方的视角，着重分析了影响社会资本方参与运动休闲小镇PPP项目的影响因素，并进一步确定了主要影响因素，为运动休闲小镇的建设与运营提供了理论依据和实践指导。

2.2 意愿影响因素识别

本书在整理2017年到2019年上述20余篇社会资本方参与意愿相关参考文献的基础上，分析出了20个可能会影响社会资本方参与运动休闲小镇PPP项目意愿的影响因素。研究采用三阶段分析法，第一阶段收集参考文献中可能影响社会资本方参与运动休闲小镇PPP项目意愿的因素（表2.1）。第二阶段在第一阶段的基础上，对从事相关领域研究或实践的5位专家分别进行调研（表2.2），通过两阶段德尔菲法找出专家认为的关键因素（表2.3）。具体而言，第一阶段采用头脑风暴法，分别向各位专家收集影响社会资本方参与运动休闲小镇PPP项目意愿的因素，在此基础上，通过整理，进一步向各位专家反馈第一轮的意见，让专家在已有几个意见中作出选择。第三阶段综合过往研究成果与专家意见进行对比整理，选取3位北京建筑大学教师进行意见整理（表2.4），3位教师分别通过语义分析、题项合

影响社会资本方参与运动休闲小镇PPP项目意愿的因素　　表2.1

影响因素	文献	影响因素	文献
1. 政府支持	叶晓甦（2018）	4. 运动休闲小镇的生态环境状况	赵华（2017）
	薛小龙（2018）		姚振东（2018）
	李明（2017）		阙秋莹（2019）
	许硕（2019）		胡钰（2018）
	唐玉华（2019）	5. 运动休闲小镇的特色产业是否具有长期稳定的市场需求	阙秋莹（2019）
	吴婧（2018）		李明（2017）
	廖茂林（2017）		吴婧（2018）
	赵华（2017）		邵桂华（2017）
	罗世美（2019）		唐玉华（2019）
	赖一飞（2018）	6. 运动休闲小镇项目的建设复杂性	叶晓甦（2018）
	洪文霞（2018）		薛小龙（2018）
	姚振东（2018）		吴婧（2018）
	朱东阳（2017）		廖茂林（2017）
	魏蓉蓉（2017）		万树（2018）
	阙秋莹（2019）		邵桂华（2017）
	胡钰（2018）	7. 运动休闲小镇项目的盈利性	姚振东（2018）
	万树（2018）		叶晓甦（2018）
	邵桂华（2017）		薛小龙（2018）
	王珊（2019）		陈旭斌（2018）
	代政（2019）		魏蓉蓉（2017）
	魏婷（2018）		阙秋莹（2019）
2. 运动休闲小镇所在地的经济情况	阙秋莹（2019）		胡钰（2018）
	万树（2018）		
3. 运动休闲小镇所在地的交通情况	唐玉华（2019）		万树（2018）
	赵华（2017）		代政（2019）

续表

影响因素	文献	影响因素	文献
8. 运动休闲小镇历史悠久、乡土文化特色鲜明	赵华（2017）	12. 企业的经济实力	李明（2017）
	姚振东（2018）		罗世美（2019）
	罗世美（2019）		朱东阳（2017）
	赖一飞（2018）		代政（2019）
	胡钰（2018）		叶晓甦（2018）
9. 宏观经济风险（利率变动、汇率变动和通货膨胀风险）	吴婧（2018）	13. 企业具有丰富的PPP项目管理经验	罗世美（2019）
	赖一飞（2018）		阙秋莹（2019）
	洪文霞（2018）		胡钰（2018）
	万树（2018）		代政（2019）
	邵桂华（2017）		叶晓甦（2018）
10. 项目是否引入中介机构参与风险识别、分担、跟踪等全过程的风险管理	赖一飞（2018）	14. 企业参与过特色小镇的建设	陈旭斌（2018）
	朱东阳（2017）		万树（2018）
	邵桂华（2017）		代政（2019）
11. 企业具有运营能力	赵华（2017）	15. 企业理念（如热爱体育事业、承担社会责任）	阙秋莹（2019）
	薛小龙（2018）		胡钰（2018）
	李明（2017）	16. 金融机构加大对社会资本方融资的支持力度	李明（2017）
	许硕（2019）		许硕（2019）
	吴婧（2018）		魏婷（2018）
	赖一飞（2018）		魏蓉蓉（2017）
	陈旭斌（2018）		阙秋莹（2019）
	魏蓉蓉（2017）		万树（2018）
	胡钰（2018）		邵桂华（2017）
	阙秋莹（2019）	17. 工程承包商是否自觉履行合同	赖一飞（2018）
	万树（2018）		阙秋莹（2019）
	代政（2019）		邵桂华（2017）

续表

影响因素	文献	影响因素	文献
18. 供应商是否能以稳定的价格、稳定的质量品质为项目提供长期、稳定的原料	赖一飞（2018）	19. 社会公众的支持	邵桂华（2017）
	阙秋莹（2019）		代政（2019）
	邵桂华（2017）	20. 媒体的支持与监督	邵桂华（2017）
19. 社会公众的支持	赵华（2017）		代政（2019）
	李明（2017）		

德尔菲法调研的专家基本情况介绍　　表2.2

序号	专家代号	专家职业	专家年龄	专家所在地区	参与特色小镇相关工作年份
1	Z女士	教师	45	北京	2017
2	S先生	原×地产特色小镇事业部总裁	46	上海	2016
3	C先生	教师	50	北京	2018
4	Z先生	教师	61	昆明	2016
5	W先生	×建工钢结构分公司书记	48	北京	2019

德尔菲法对可能涉及因素的提出和确认　　表2.3

影响因素	第一轮结果					第二轮确认
	专家1	专家2	专家3	专家4	专家5	
政府支持	√	√	√	√	√	认可
运动休闲小镇所在地的经济情况	√	√	√	√	√	认可
运动休闲小镇所在地的交通情况	√	√	√	√	√	认可
运动休闲小镇的生态环境状况	√	√	—	√	√	认可
运动休闲小镇的特色产业是否具有长期稳定的市场需求	√	√	√	√	√	认可
运动休闲小镇项目的建设复杂性	√	√	√	√	√	认可

续表

影响因素	第一轮结果					第二轮确认
	专家1	专家2	专家3	专家4	专家5	
运动休闲小镇项目的盈利性	√	√	√	√	√	认可
运动休闲小镇历史悠久、乡土文化特色鲜明	√	√	√	√	√	认可
宏观经济风险（利率变动、汇率变动和通货膨胀风险）	√	√	√	√	√	认可
项目是否引入中介机构参与风险识别、分担、跟踪等全过程的风险管理	√	√	×	—	√	认可
企业具有运营能力	√	√	√	√	√	认可
企业的经济实力	√	√	√	√	√	认可
企业具有丰富的PPP项目管理经验	√	√	√	√	√	认可
企业参与过特色小镇的建设	√	√	√	√	√	认可
企业理念（如热爱体育事业、承担社会责任）	√	√	√	—	√	认可
金融机构加大对社会资本方融资的支持力度	√	√	√	√	√	认可
工程承包商是否自觉履行合同	√	—	√	√	√	认可
供应商是否能以稳定的价格、稳定的质量品质为项目提供长期、稳定的原料	√	√	√	√	√	认可
社会公众的支持	√	√	√	√	√	认可
媒体的支持与监督	—	√	√	√	—	认可
运动休闲小镇及周边城市的人口数量	√	√	√	√	—	认可
企业领导人的个人倾向及出身	√	√	√	√	√	认可
企业的产业融合能力	√	√	√	√	√	认可
企业人才稳定性	—	√	—	—	√	不认可
企业人际关系稳定	√	—	√	—	—	不认可

注：其中√代表第一轮德尔菲访谈中认可，×代表第一轮德尔菲访谈中不认可，—代表第一轮德尔菲访谈中未提及。

参与意见整理的教师基本情况　　　　表 2.4

序号	教师姓名	教师年龄	工作年限
1	M先生	32	3
2	K先生	34	4
3	H先生	29	1

并、题项创设的流程完成整理，并保证题项意思没有重复，题项本身没有歧义。

形成的20个可能会影响社会资本方参与运动休闲小镇PPP项目意愿的影响因素分别是：政府支持，运动休闲小镇所在地的经济情况，运动休闲小镇所在地的交通情况，运动休闲小镇的生态环境状况，运动休闲小镇的特色产业是否具有长期稳定的市场需求，运动休闲小镇项目的建设复杂性，运动休闲小镇项目的盈利性，运动休闲小镇历史悠久、乡土文化特色鲜明，宏观经济风险（利率变动、汇率变动和通货膨胀风险），项目是否引入中介机构参与风险识别、分担、跟踪等全过程的风险管理，企业的运营能力，企业经济实力，企业是否具有丰富的PPP项目管理经验，企业是否参与过特色小镇的建设，企业理念（如热爱体育事业、承担社会责任），金融机构加大对社会资本方融资的支持力度，工程承包商是否自觉履行合同，供应商是否能以稳定的价格、稳定的质量品质为项目提供长期、稳定的原料，社会公众的支持，媒体的支持与监督。

除以上因素外，根据运动休闲特色小镇建设的实际情况，对社会资本方相关人员进行访谈，分析得出，运动休闲小镇及周边城市的人口数量、企业领导人的个人倾向及出身以及企业的产业融合能力等也会影响社会资本方参与运动休闲小镇项目的意愿。

1. 人口数量

运动休闲小镇及周边城市的人口数量越多,则劳动力会更多,从附近招聘劳动力完成特色小镇建设和运营会更容易,因而有助于以更低的价格或更低的条件聘用相关工作人员,有益于运动休闲小镇的建设。同时,人口数量众多带来的潜在消费人群会更多,有益于运动休闲小镇的运营。因此,同等条件下,社会资本方会更倾向于投资受众人群多的小镇。

2. 企业领导人的个人倾向及出身

领导者承担项目的决策、指挥等责任,掌握一定的权力,履行特定职能。领导者的影响力分为传统(权力)影响力和非权力影响力(包括个人品德、情感、能力、知识等),中国情境下,非权力影响力大于权力影响力。因此,若某社会资本方的领导者出身于运动员等类似职业,或者领导者注重休闲运动并认为此项目有利于社会可持续发展,那么该社会资本方会更加愿意参与运动休闲小镇项目的开发与运营。

3. 企业的产业融合能力

产业融合是指不同产业或同一产业不同行业相互渗透、相互交叉,最终融合为一体,逐步形成新产业的动态发展过程。对于运动休闲小镇来说,其建设势必会带动旅游产业、体育产业、高科技产业等其他产业的发展;在小镇运营期内,多种产业如何交互发展对于小镇发展至关重要。而社会资本方肩负着运营小镇的责任,因此,社会资本方的产业融合能力对于其参与运动休闲小镇PPP项目的意愿有很大影响。

通过文献资料法与访谈法,本书共提出了23个影响社会资本方参与运动休闲小镇的PPP项目影响因素,并在下个部分展开讨论分析(表2.1~表2.4)。

2.3 意愿影响因素分析

1. 数据收集

利用问卷星并针对23个指标设置了电子调查问卷,根据本问卷要求定向选择正在从事特色小镇PPP项目的社会资本方相关人员或有意愿介入特色小镇PPP项目的社会资本方相关人员为调研对象,通过微信转发等方式,定向选择对象发放问卷,问卷收集时间为2019年4月23日~5月6日,历时两周,共收到105份答卷,有效回答率约为70%。

2. 受访者背景描述性统计

调查结果显示(表2.5),受访者大多从事建筑行业、房地产业和制造业,其中建筑行业占比最大(占40.95%),其次为房地产业(占19.05%),

受访者所在行业一览表　　　　　　表2.5

所属行业	频数	百分比(%)	累积百分比(%)
建筑业	43	40.95	40.95
房地产业	20	19.05	60.0
金融业	3	2.86	62.86
制造业	12	11.43	74.29
信息传输、计算机服务和软件业	5	4.76	79.05
文化、体育和娱乐业	7	6.67	85.72
其他行业	15	14.29	100.0
合计	105	100.0	—

制造业（占11.43%），文娱行业（占6.67%）科技行业（占4.76%），金融业（占2.86%），而农业和住宿餐饮业占比为0。

受访者工作年限状况见表2.6，其中工作15年以下的受访者为主要受访人群，占比75.24%，他们大多担任专员级、主管级、经理级职务。而工作15年以上的受访者为重要的受访人群，他们大多担任总监级、总经理及总裁级职务。主要受访人群代表着当前社会资本方年轻力量，他们的看法对社会资本方未来发展方向有重要影响；而重要受访人群指的是领导层，他们掌握着决策大权。

受访者工作年限状况一览表　　　　　　　　　　表 2.6

工作年限	频数	百分比（%）	累积百分比（%）
5年以下	51	48.57	48.57
5~10年	17	16.19	64.76
10~15年	11	10.48	75.24
15年以上	26	24.76	100.0
合计	105	100.0	

如表2.7所示，受访者所在单位多为国有非上市公司，其次为民营非上市公司、民营上市公司、国有上市公司和外企上市公司。受访者在国有公司与民营公司比例基本持平，不存在因为经营方式不同而导致结果误差的情形。

表2.8表明大部分受访者理解并接受运动休闲类特色小镇概念，而表2.9表明受访者的领导者大都很喜欢休闲运动，但也有部分领导者不喜欢休闲运动，这为研究领导人对休闲运动小镇投资偏好提供依据。

受访者所在单位情况一览表　　　表2.7

单位所有制	频数	百分比（%）	累积百分比（%）
国有上市	19	18.1	18.1
国有非上市	35	33.33	51.43
民营上市	22	20.95	72.38
民营非上市	25	23.81	96.19
外企上市	4	3.81	100.0
外企非上市	0	0	100.0
合计	105	100.0	

受访者对运动休闲特色小镇概念的了解状况一览表　　　表2.8

了解状况	频数	百分比（%）	累积百分比（%）
很了解	15	14.29	14.2
一般了解	60	57.14	71.43
不了解	30	28.57	100
合计	105	100	

受访者所在单位的领导者是否喜欢休闲运动　　　表2.9

喜欢状况	频数	百分比（%）	累积百分比（%）
非常喜欢	11	10.48	10.48
一般喜欢	73	69.52	80.00
不喜欢	21	20.00	100
合计	105	100	

根据第1章对特色小镇的产业分类，结合比赛、健身需求，将运动休闲特色小镇分为休闲型、产业型、康体型、赛事型等多种特色小镇。调研结果如表2.10所示，其中，48.57%的受访者支持投资休闲型体育小镇，

38.1%的受访者支持投资产业型体育小镇，12.38%的受访者支持投资康体型休闲小镇，而仅有1人支持投资赛事型体育小镇。

受访者所在单位最想投资运动休闲小镇的类型一览表　　表2.10

	频数	百分比（%）	累积百分比（%）
产业型体育小镇	40	38.1	38.1
休闲型体育小镇	51	48.57	86.67
康体型体育小镇	13	12.38	99.05
赛事型体育小镇	1	0.95	100.0
合计	105	100.0	

针对受访者打分情况，计算出各指标的平均值、中位数和标准差（表2.11）。数据显示，每一个指标的平均值都高于3.5分，这意味着本书识别出的23个影响因素都比较重要。其中，"运动休闲小镇项目的盈利性"指标平均值最高（4.43），且大部分受访者认为此因素非常重要（中位数为5.00），这表明运动休闲小镇项目的盈利性是社会资本方考虑是否参与运动休闲小镇PPP项目的关键因素。而"领导者个人倾向及出身"指标平均值最低（3.78），这表明领导者的个人倾向在实际决策中不作为主要参考因素。

影响因素重要程度的得分表（平均值、中位数、标准差）　　表2.11

影响因素	平均值	中位数	标准差
1. 政府支持	3.96	4.00	1.046
2. 运动休闲小镇及周边城市的人口数量	4.07	4.00	0.963

续表

影响因素	平均值	中位数	标准差
3. 运动休闲小镇所在地的经济情况	4.23	4.00	0.823
4. 运动休闲小镇所在地的交通情况	3.92	4.00	1.010
5. 运动休闲小镇的生态环境状况	4.33	5.00	0.840
6. 运动休闲小镇的特色产业是否具有长期稳定的市场需求	4.23	4.00	0.858
7. 运动休闲小镇项目的建设复杂性	3.93	4.00	0.902
8. 运动休闲小镇项目的盈利性	4.43	5.00	0.908
9. 运动休闲小镇历史悠久、乡土文化特色鲜明	4.26	4.00	0.888
10. 宏观经济风险（利率变动、汇率变动和通货膨胀风险）	3.91	4.00	0.942
11. 项目是否引入中介机构参与风险识别、分担、跟踪等全过程的风险管理	4.07	4.00	0.891
12. 领导者个人倾向及出身（如运动员出身）	3.78	4.00	1.074
13. 企业经济实力	4.29	5.00	0.906
14. 企业的产业融合能力	4.27	4.00	0.833
15. 企业具有运营能力	4.31	5.00	0.847
16. 企业具有丰富的PPP项目管理经验	4.09	4.00	0.931
17. 企业参与过特色小镇的建设	3.92	4.00	1.026
18. 企业理念（如热爱体育事业、承担社会责任）	4.11	4.00	1.003
19. 金融机构加大对社会资本方融资的支持力度	4.08	4.00	0.927
20. 工程承包商是否自觉履行合同	4.12	4.00	0.968
21. 供应商是否能以稳定的价格、稳定的质量品质为项目提供长久、稳定的原料	4.09	4.00	0.925
22. 社会公众的支持	4.19	5.00	1.010
23. 媒体的支持与监督	4.13	4.0	1.038

3. 内部一致性分析

量表的内部一致性通常用Cronbach's α法进行评估。Cronbach's α系数的值范围为0~1，高α值表示刻度的高内部一致性。利用SPSS25.0软件计算出的项目影响因素的cronbach α系数为0.936，大于0.7的基本要求，表明社会资本方参与运动休闲小镇PPP项目的影响因素内部一致性较好，适合进一步开展因子分析和聚类分析。

4. 因子分析

进行因子分析，首先要判别变量之间的相关性，需要用Bartlett球形检验和KMO检验来确定因子分析在因子提取中的适用性。如表2.12所示，本书中，Bartlett球形度检验有显著意义（P值为0.000，P值小于0.01），其近似卡方值为1640.230，自由度为253，KMO指数为0.886（大于0.5）。上述检验结果均证实，本次调研数据适用于因子分析。

KMO 和 Bartlett 球形度检验结果 表2.12

KMO检验		0.886
Bartlett球形度检验	近似卡方	1640.230
	自由度	253
	显著性	0.000

进一步，本书检验因子提取和因子旋转。因子提取的目的是通过主成分分析确定因子，而因子旋转可以使因子更易于解释。根据"特征值大于1"的规则提取主成分，将23个影响因素减少到5个主成分，如表2.13所示，5个主成分的累积方差率为70.545%，大于一般意义上60%解释程度的

标准，因此，这五部分数据进行因素分析是可靠的。

总方差解释　　　　　　　　　表 2.13

成分	旋转载荷平方和		
	总计	方差百分比（%）	累积方差率（%）
1	4.561	19.831	19.831
2	3.955	17.194	37.025
3	2.770	12.045	49.071
4	2.663	11.579	60.650
5	2.276	9.895	70.545

表2.14显示了这五个组成成分中各影响因素的因子负荷。系数荷载越大，系数对构件的贡献越大。通常，载荷大于0.5的因素被认为对解释部分有重要作用；否则，被认为无关紧要。为了保证一个因素只作为一种主成分因素，因而，所有因素有效因子载荷均大于0.5且无效因子载荷均小于0.5。为了便于进一步讨论，有必要根据分析结果对提取的五个分量进行重新命名，这五个组成部分情况如下所示。

旋转后的成分矩阵　　　　　　　表 2.14

旋转后的成分矩阵 a					
变量名	成分				
	1	2	3	4	5
30. 工程承包商是否自觉履行合同	0.858	0.247	0.115		
31. 供应商是否能以稳定的价格、稳定的质量品质为项目提供长期、稳定的原料	0.847	0.231	0.186	0.170	

续表

旋转后的成分矩阵 a					
变量名	成分				
	1	2	3	4	5
32. 社会公众的支持	0.710	0.148	0.153		
33. 媒体的支持与监督	0.673	0.362			0.337
29. 金融机构加大对社会资本方融资的支持力度	0.659	0.290	0.398	0.136	
11. 政府支持	0.547		0.399	0.221	0.214
27. 企业参与过特色小镇的建设		0.835	0.104		0.322
26. 企业具有丰富的PPP项目管理经验	0.365	0.758		0.185	0.246
24. 企业的产业融合能力	0.388	0.696	0.143	0.322	
25. 企业具有运营能力	0.387	0.672	0.174	0.326	
28. 企业理念（如热爱体育事业、承担社会责任）	0.516	0.659	0.143	0.322	
22. 企业领导人的个人倾向及出身（如运动员出身）		0.596	0.518		0.102
23. 企业经济实力	0.396	0.581	0.276	0.445	
20. 宏观经济风险（利率变动、汇率变动和通货膨胀风险）	0.181		0.786	0.121	0.146
21. 项目是否引入中介机构参与风险识别、分担、跟踪等全过程的风险管理	0.313	0.122	0.714		0.276
18. 运动休闲小镇项目的盈利性		0.169	0.567	0.250	
13. 运动休闲小镇所在地的经济情况		0.138	0.142	0.786	0.263
19. 运动休闲小镇历史悠久、乡土文化特色鲜明	0.156		0.199	0.756	0.334
12. 运动休闲小镇及周边城市的人口数量	0.153	0.285	0.102	0.705	−0.172
14. 运动休闲小镇所在地的交通情况	0.144	0.215	0.283	0.106	0.786
15. 运动休闲小镇的生态环境状况	0.355		0.154	0.482	0.532
17. 运动休闲小镇项目的建设复杂性	0.132	0.253	0.478	0.225	0.513
16. 运动休闲小镇的特色产业是否具有长期稳定的市场需求	0.457		0.348	0.193	0.461

提取方法：主成分分析法。旋转方法：凯撒正态化最大方差法。旋转在14次迭代后已收敛。

第一成分包括6个因素：工程承包商是否自觉履行合同，供应商是否能以稳定的价格、稳定的质量品质为项目提供长期、稳定的原料，社会公众的支持，媒体的支持与监督，金融机构加大对社会资本方融资的支持力度，政府支持。这些主体均为建设运动休闲小镇的利益相关者。因此，基于特征将这一组成成分称为利益相关者因素。

第二成分包括7个因素：企业参与过特色小镇的建设，企业具有丰富的PPP项目管理经验，企业的产业融合能力，企业具有运营能力，企业理念（如热爱体育事业、承担社会责任），企业领导人的个人倾向及出身（如运动员出身），企业经济实力。因此，基于特征将这一组成成分称为社会资本方内部因素。

第三成分包括3个因素：宏观经济风险（利率变动、汇率变动和通货膨胀风险），项目是否引入中介机构参与风险识别、分担、跟踪等全过程的风险管理，运动休闲小镇项目的盈利性。因此，基于特征将该组成成分称为项目外部环境风险因素。

第四成分包括3个因素：运动休闲小镇所在地的经济情况，运动休闲小镇历史悠久、乡土文化特色鲜明，运动休闲小镇及周边城市的人口数量。因此，基于特征将该组成成分称为小镇区位因素。

第五成分包括4个因素：运动休闲小镇所在地的交通情况，运动休闲小镇的生态环境状况，运动休闲小镇项目的建设复杂性，运动休闲小镇的特色产业是否具有长期稳定的市场需求。因此，基于特征将该组成成分称之为小镇建设的配套措施因素。

本书抽取的5个组成成分代表了受访者认为重要的因素。虽然这些组成成分没有包含所有影响因素，但它们能够解释70%的差异，能够涵盖所有重要影响因素。

5. 回归分析

本书在因子分析中,虽然根据23个因素之间的相关程度对其进行了分组,梳理出影响社会资本方参与运动休闲小镇PPP项目的几个主要需要考虑的因素集。然而,因子分析并没有显示哪个因素对社会资本方是否愿意参与运动休闲小镇PPP项目的影响最大。为了更明确地显示出各因素对参与意愿的影响程度,本书通过回归分析更直接地说明本问题。

在回归分析中,抽取的五个因素是自变量,社会资本方参与运动休闲小镇PPP项目的意愿是因变量。利用SPSS回归程序,采用线性回归方法进行分析,回归结果汇总在表2.15、表2.16中。

回归结果　　　　　　　　　　　　　表2.15

模型	R	R^2	调整后 R^2	标准误差	R^2 变化量	F 变化量	自由度1	自由度2	显著性 F 变化量
1	0.907[a]	0.823	0.814	0.285	0.823	92.195	5	99	0.000

注:a为预测变量(常量),回归分析1的因素1,2,3,4,5。

标准化系数　　　　　　　　　　　　表2.16

模型		Beta	t	显著性
1	(常量)	0.293	69.240	0.000
	回归分析1的因素1	0.567	13.411	0.000
	回归分析1的因素2	0.430	10.168	0.000
	回归分析1的因素3	0.364	8.625	0.000
	回归分析1的因素4	0.267	6.315	0.000
	回归分析1的因素5	0.337	7.967	0.000

表2.15显示了β系数、拟合优度（R^2）、调整后的R^2、F值、t值和各变量分别的显著性水平。根据已有研究，标准化系数大于0.4的因素为强影响因素影响较大，标准化系数小于0.4的为弱影响因素影响较小。R^2值为0.823，表明这五部分因素可以较好地拟合社会资本方参与运动休闲小镇PPP项目的意愿。

2.4 结论及建议

1. 研究结论

根据以上分析，影响社会资本方参与运动休闲小镇PPP项目的强影响因素为：利益相关者因素和社会资本方内部因素；弱因素为：项目外部环境风险因素、小镇建设的配套措施因素、小镇区位因素。基于五大因素，可进一步得到以下结论。

1）利益相关者因素

在运动休闲小镇PPP项目中，先由政府与社会资本方签订合作协议，并组建PPP项目特许经营公司（SPV公司），再由PPP项目特许经营公司分别与承包商、供应商、金融机构签署施工合同、供应合同、借款合同，同时接受社会公众和媒体的监督。邵桂华（2017）构建了利益相关者二维矩阵，也指出政府和社会资本方是项目的关键利益相关者，金融机构为主要利益相关者，工程承包商和供应商为次要利益相关者，社会公众和媒体为一般利益相关者。因此，基于社会资本方的视角，推动其参与运动休闲小镇PPP项目的利益相关者行为有：政府的支持，金融机构对其融资的支持力度，工程承包商自觉履行合同，供应商提供长期稳定优质的材料，社会公众的支持，媒体的支持。

（1）政府的支持

叶晓甦（2018）、胡钰（2018）等学者都证实了此点：政府对特色小镇提供政策、审批、税收、资源等多方位支持，可以吸引社会资本方参与小镇项目，提供资金、建设及运营经验。比如，在建设莱茵浦阳律动小镇时，浦阳镇政府依法给予社会资本方一系列扶持政策：补贴运营、扶持产业、引进人才、减免税收等；桐庐足球小镇的发展得益于桐庐县政府在投资、运营、政府审批、体育产业政策等方面的支持，引来了莱茵体育的参与；即墨温泉田横运动休闲小镇吸引了海尔集团的投资，重要原因在于政府提供了政策支持、体育赛事资源及体育设施设计样式，规避了政策风险和设计风险。总之，政府对特色小镇的支持强有力地推动社会资本方对小镇PPP项目的参与，这是经受理论和实践双重考量的结论。

（2）金融机构的支持

特色小镇需要的建设资金多，且资金回收期长，社会资本方无法在短时间内获得巨额资金支持小镇发展，因此，社会资本方需向金融机构寻求借贷帮助。2016年，中体飞行参与了临沂费县许家崖航空运动小镇PPP项目，其资金来源得益于由尚诺集团领投，云投汇跟投的千万级天使轮以及信中利资本千万级Pre-A轮投资（蔡若愚等，2017）。浙江柯桥酷玩小镇由上海华昌集团出资80亿元来建设，其中部分资金来源于天堂硅谷、浙商银行。上海九龙山旅游股份有限公司参与了平湖九龙山航空运动小镇PPP项目，此公司引进北京天度益山投资控股集团有限公司和海航实业集团有限公司对项目进行投资，以此来保障开发建设的资金需求。实践证明，金融机构对社会资本方融资的支持力度越大，社会资本方更愿意参与特色小镇PPP项目。

（3）工程承包商和供应商因素

运动休闲小镇PPP项目存在建设风险，邵桂华（2017）指出，建设风险主要包括合同变更风险、建设成本超支风险、工程超期风险和工程质量风险等。而上述风险与工程承包商和供应商的行为息息相关。工程承包商是否履行合同、保证工期、控制成本，供应商是否提供长期稳定的高质量产品，这些都会影响建设风险。海尔集团参与即墨温泉田横运动休闲小镇建设时拥有16家可靠的供应商，中体飞行参与许家崖航空运动小镇时采用了圣戈尔庐姿（杭州）建材科技有限公司的彩石金属瓦材料，此公司是集生产、研发、销售于一体的新型建材企业，有多项资质证书。总之，当工程承包商和供应商在某环节出现问题时，建设风险会增大，此时社会资本方参与运动休闲小镇PPP项目的意愿会降低。

（4）社会公众和媒体的监督与支持

建设运动休闲小镇的目的是满足人民群众日益增长的健康休闲需求，营造"全民健身"的社会氛围。而对于运动休闲小镇PPP项目来说，建设过程中可能会出现破坏自然环境、污水及废弃污染等公众及媒体指责的问题；同时，若运动休闲小镇的休闲项目及景观无法满足群众的体育休闲需求，那么小镇未来效益低下，社会资本方将无法获得盈利。基于此，若此项目得到社会公众及媒体的支持，那么社会资本方会更愿意参与运动休闲小镇的建设及运营工程。比如，浙江柯桥酷玩小镇吸引了大量滑雪爱好者、高尔夫球爱好者的到来；平湖九龙山航空运动小镇、潍坊国际运动休闲小镇等众多特色小镇的消费群体更广，老少皆宜。总之，利益相关者因素是影响社会资本方参与运动休闲小镇PPP项目最重要的因素。

2）社会资本方内部因素

社会资本方内部因素是影响社会资本方参与运动休闲小镇PPP项目的核心因素，这一点在邵桂华（2017）的研究中也得到了证实。社会资本方的内部因素会影响其整体实力。因此，笔者将分析社会资本方内部因素对社会资本方参与意愿的影响。

（1）企业参与特色小镇及PPP项目的经验

如果企业有成熟的经验借鉴，那么社会资本能够较好控制风险，参与运动休闲小镇PPP项目的意愿会增强。叶晓甦（2018）也得出此结论：若企业有建设特色小镇或参与PPP项目的经验，则该类企业更愿意参与特色小镇PPP项目的建设。例如，海尔集团曾投资建设海尔西海岸产城创小镇，积累了建设经验，随后参与了即墨温泉田横运动休闲小镇的建设；而莱茵体育先后参与了多家特色小镇（包括运动休闲小镇）PPP项目，以桐庐足球小镇为代表，打造2022年杭州亚运会分赛场和中国女子足球超级联赛的主赛场。

（2）企业的产业融合及运营能力

当社会资本方的产业运营及融合能力较强时，该企业会更愿意、更有信心参与运动休闲小镇的建设及运营。此结论得到了众多学者的支持，例如，薛小龙（2018）认为，由于特色小镇项目的运营难度大，当社会资本方的运营能力较低并认为此项目的运营会带来大风险和低收益时，会倾向于放弃此项目；罗世美（2019）、代征（2019）、许硕（2019）等学者也指出，企业的运营能力和经验是特色小镇PPP项目成功的重要因素。而企业的运营能力和产业融合能力密切相关，只有当企业具有了强大的运营能力，才有可能将体育、文化、旅游、健康养生、教育等行业融合发展。同时，当企业具有过硬的产业融合能力时，才会将小镇未来的运营进行得比较顺利。山东景芝酒业股份有限公司参与了潍坊国际运动休闲小镇的建设及运营，该企业将酒文化、健康产业融合发展，打造齐鲁酒地文化创意产业园。

（3）企业及领导人理念

依据管理学原理，企业文化会影响企业行为，而领导者的非权力影响力会影响企业文化。中体飞行致力于推动中国航空体育运动的发展，打造中国航空体育第一品牌，而其创立者担任滑翔伞国家教练，是具有全国E级滑翔伞资质的飞行员，有二十余年的航空运动参与经验。因此，中体飞行参与许家崖航空运动小镇建设的决策极易理解。山东景芝酒业股份有限公司以变废为宝、还绿于山、造福于民为建设目标，打造潍坊国际运动休闲特色小镇这一文旅休闲养生区。莱茵体育以地产起家，近年来积极寻求产业转型，在2015年确立了体育产业的发展战略，因此对桐庐足球小镇、莱茵浦阳律动小镇等体育小镇进行建设。总之，企业的理念以及领导人的倾向对企业参与运动休闲小镇PPP项目具有潜移默化的影响。

（4）企业经济实力

绝大部分特色小镇背后的社会资本方，经济实力都非常强大，注册资金多，具有丰富的产业资源和强大的影响力。此结论与代政（2019）的研究不谋而合：社会资本方的经济实力是PPP项目启动、建设及运营的基础保障。如果企业资本的注入能力较差、经济实力欠缺的话，大部分企业都不会考虑参与特色小镇PPP项目。比如，浙江柯桥酷玩特色小镇的社会资本方：上海华昌企业有限公司；即墨温泉田横运动休闲小镇的社会资本方：海尔集团；大厂影视小镇、香河机器人小镇的社会资本方：华夏幸福。

3)项目外部环境风险因素

在运动休闲小镇PPP项目中,社会资本方会遇到投资、盈利等众多外部环境风险,此时,识别并规避风险非常重要。因此,外部环境风险的大小以及能否有效规避风险、减小风险后果,对社会资本方参与运动休闲小镇PPP项目意愿来说有很大影响。

(1)宏观经济风险与是否引入中介机构参与风险管理

金融风险对于社会资本方来说显得尤为重要,因为社会资本方的资金一部分来源于自有资金,一部分来源于借贷资金;而特色小镇项目的投入资金比较大,投资回收期较长。社会资本方难免会遭遇宏观经济风险,这容易出现建设成本超出预算和资金短缺问题。而在运动休闲小镇建设过程中,是否引入第三方机构参与风险识别、跟踪,进行风险管理,对于社会资本方来说很重要。赖一飞(2018)的研究指出,在PPP项目中,引入中介机构进行风险管理,可以帮助社会资本方识别特色小镇建设的独有风险,有效规避风险,保证风险分担的合理性。

(2)运动休闲小镇项目的盈利性

企业都是以盈利为主要目标的,因此,社会资本在决策时主要考虑投资回报最大化。陈旭斌(2018)也指出,社会资本具有天生逐利性,所以能否吸引社会资本方参与特色小镇PPP项目的关键是特色小镇项目的盈利能力以及投资回报机制的完善度。笔者通过分析山东省(许家崖航空运动小镇、潍坊国际运动休闲特色小镇、即墨温泉田横运动休闲特色小镇)和浙江省(柯桥酷玩小镇、平湖九龙山航空运动小镇)等其他省市运动休闲小镇发现,这些小镇的盈利能力非常好,每年都会吸引大量游客,旅游消费上亿元,投资回收期为5~7年(含建设期)。而莱茵体育在投资桐庐足球小镇时，一直在考虑盈利问题，在前期的巨额投资下，应该如何盈利，何时才能盈利。小镇前期建设中，房地产开发仍是莱茵体育获利的唯一来源。

总之，当外部环境越不稳定，风险越多时，社会资本方可能会放弃参与项目的建设；当存在中介机构协助企业进行识别风险和规避风险时，社会资本方可能会考虑参与项目的建设；当此项目的盈利性较大，投资回收期较短时，企业会更愿意参与项目的建设。

4）小镇建设的配套措施因素

运动休闲小镇所在地的交通情况、生态环境状况、项目建设复杂性以及其特色产业未来市场需求都会影响社会资本方的参与意愿。

（1）交通情况

纵观利用PPP模式建设的运动休闲小镇，小镇所在地的交通非常便利，紧邻消费市场，部分小镇还处于国家级风景区，华夏幸福也主要选择开发交通条件优越的小城镇；社会资本方之所以愿意投资交通便利的运动休闲特色小镇，是因为这有利于促进小镇及周边区域的经济发展，项目盈利性较好。

（2）生态状况

生态环境优越、资源丰富的小镇更易于吸引社会资本方的参与。例如，华夏幸福投资的大厂小镇生态环境优越，文化资源独特；许家崖的自然地理位置和资源非常适合发展航空运动，吸引中体飞行CEO在此建设航空小镇；潍坊国际运动休闲小镇的水、土地、生物资源丰富，风景美丽，适合户外运动和拍摄；即墨温泉田横运动休闲小镇的生态环境较好，依托即墨山、海、林、泉自然环境优势；莱茵浦阳律动小镇的发展得益于萧山区浦阳江流域的自然和人文资源；平湖九龙山航空运动小镇拥有宜居宜游的自然生态环境。

（3）项目复杂性

项目复杂性对社会资本方参与PPP项目有显著影响，对于运动休闲特色小镇来说，其生态环境、地质状况、交通情况、科技水平等都会影响小镇的建设复杂性。项目建设的复杂性越低，社会资本方更愿意参与小镇建设；反之，当项目的建设意义及盈利性较小时，社会资本方可能会放弃参与小镇PPP项目。例如，许家崖、平湖九龙山等众多航空特色小镇建设地的自然环境本身就适合发展航空产业，建设难度较低，社会资本方愿意参与小镇的建设。

（4）市场需求

如果运动休闲小镇的特色产业符合国家发展方向，满足人民群众的体育需求，那么此小镇的特色产业在未来有很大发展空间，这无疑会增加社会资本方参与运动休闲小镇PPP项目的意愿。当前，我国进入大众旅游时代，低空旅游逐渐进入大众视野，因此，许家崖航空运动小镇的市场开发潜力较大，航空运动的受众人群也逐渐增多。而平湖九龙山航空运动小镇突出运动养生特色，开发"体育运动+养生养老"特色旅游度假区，也符合国家"全民健身"的发展战略。总之，运动休闲小镇所在地的基础配套措施越好，特色产业的市场需求越大，社会资本方参与运动休闲小镇PPP项目的意愿就越强。

5）小镇区位因素

运动休闲小镇所在地的经济、历史、文化和人口数量对建设运动休闲小镇来说很重要，文化是特色小镇建设运营的灵魂，经济是建设特色小镇的基础，群众是特色小镇的建设者、受益者。

(1)经济因素

阙秋莹(2019)指出,经济发达地区的特色小镇建设不需要借助PPP模式,因为当地已有充分的财政补助和较大的经济优势,但社会资本方更倾向于投资此类地区的特色小镇。而当特色小镇位于经济基础较差的地区时,由于基础设施落后、盈利环境不佳等问题,社会资本不愿参与小镇PPP项目。

(2)文化因素

实践证明,历史悠久、文化特色鲜明或具有特色产业的运动休闲小镇,更能吸引社会资本方的参与。王松(2018)提出的"传统体育文化融入运动休闲小镇的建设"的观点证实了此点,他指出,只有传统体育文化的融会贯通才能内化成小镇发展的核心竞争力,这属于该小镇的"特色"文化,其他小镇无法复制。例如,以航空运动为特色的许家崖航空运动小镇;拥有浓厚的运动文化氛围和健康产业基础的平湖九龙山航空运动小镇;体育氛围良好,适宜举办马拉松、太极、骑行等运动比赛的潍坊国际运动休闲特色小镇;历史文化悠久,适宜举办马术比赛的即墨市运动休闲小镇等。不难理解,小镇所在地及周边城市的人口越多,小镇的活力会越大,社会资本方更愿意参与当地小镇的建设。

2. 对策建议

根据本书得出的结论,可以从运动休闲小镇PPP项目的利益相关者方面和运动休闲小镇自身建设方面提出对策和建议,使运动休闲小镇PPP项目落地率提高,保障社会资本方在运动休闲小镇PPP项目中的权益,从而推动运动休闲小镇的健康发展。

1）从运动休闲小镇PPP项目的利益相关者方面

（1）政府方面

①政府亟须肯定社会资本方在运动休闲小镇PPP项目中的积极作用，在政策、法律、制度保障等方面支持社会资本方的参与。

②政府要加强自身信用建设，与社会资本方签订风险分担合理、投资回报机制明确的合约，在项目建设及运营期间严格遵守与社会资本方的合约，不得滥用社会资本方提供的资金与资源。在运动休闲小镇建设及运营过程中，有必要引入中介机构参与风险管理。

③政府需完善有关法律法规，简化项目审批程序，给予社会资本方税收优惠政策，协助社会资本方拓展融资渠道。

（2）社会资本方方面

①社会资本方需要加强自身能力建设，提高企业的运营能力和产业融合能力，打造产业品牌效应，注重多元化经营，以规避运动休闲小镇的运营风险，增强经济实力；加深对运动休闲小镇意义的理解，通过教育、体育活动、故事等方式将体育文化、运动休闲意识渗入到企业文化中，发挥员工的能动性。

②社会资本方需向有丰富的特色小镇PPP建设及运营经验的企业学习，增强自身识别建设风险、规避风险的能力，在选择特色小镇PPP项目时做出合理的决策。

③社会资本方需提高自身的社会影响力和信誉度，使金融机构更愿意提供借贷帮助，政府更愿意选择该合伙伙伴。

（3）金融机构方面

金融机构需加大对社会资本方的融资力度，为投资运动休闲小镇建设的企业提供优惠政策，缓解社会资本方"融资难"的问题，保障社会资本方在小镇建设运营期间的资金充足。

（4）工程承包商和供应商方面

工程承包商需要严格履行合同，小镇建设过程中出现问题时需及时与社会资本方联系，保证项目工期不拖延，建设成本不增加；供应商应加强自身实力，提高材料质量，为社会资本方提供长期稳定可靠的产品。

（5）社会公众和媒体方面

社会公众要对是否支持某运动休闲小镇的建设作出理性回应，媒体也应做出符合客观事实的报道；公众和媒体可以对小镇的启动、建设及运营方面提出意见。在社会反响较好、公众与媒体的支持与监督下，社会资本方会更愿意参与运动休闲小镇PPP项目。

2）从运动休闲小镇自身建设方面

（1）文化

运动休闲特色小镇的文化应以体育运动、休闲娱乐、赛事竞技等方面为特色。小镇负责人应深入挖掘运动休闲小镇的传统体育文化，对其进行合理利用与整合，结合现代体育文化精神，打造新时代该运动休闲小镇的特色文化及产业；同时，利用传统体育文化器材，参考传统体育文化竞技内容与规则，结合传统节日，打造因地制宜的运动休闲体验区；引入该地区传统体育文化书籍，与当地历史遗迹结合，提高小镇居民的文化自信感。在该运动休闲小镇浓厚的体育文化氛围下，社会资本方会愿意投资这样的小镇。最重要的是，各运动休闲小镇必须挖掘当地的特色文化，不得复制、模仿其他小镇，否则，适得其反。

（2）生态环境

小镇负责人必须合理利用小镇的自然资源，保护小镇的生态环境，加大科技投入和技术创新，减少对环境的破坏，降低因地质、环境等问题带来的建设复杂性。

（3）基础配套措施

小镇负责人应完善小镇建设的基础配套措施，如：修缮道路，完善交通，保障水、电等建设必备资源的供给，吸引建设及运营人才。

（4）小镇规划

运动休闲小镇要精准定位，拥有科学合理的规划设计。例如，小镇的特色产业是什么，小镇的投资回收机制和盈利性的规划，小镇要建造什么样的服务设施，小镇要引进哪些领域、层次的商家，小镇未来的受众人群有哪些等。

3. 研究局限性

1）数据局限性

本书数据收集时处于2019年，各地特色小镇刚起步，基于已有特色小镇进行的调研难免受到地域限制和受访者限制，因而研究只能代表2019年山东省、浙江省体育休闲小镇社会资本方的情况，而中西部地区体育休闲特色小镇社会资本方情况尚缺乏有效数据支撑。

2）研究深度局限

由于特色小镇处于从无到有的过程，因而本书主要面向社会资本方的投资意愿展开研究，但实际影响社会资本方是否投资的因素是复杂的，驱动机制亦是复杂的，因而研究其他因素如投资时机、融资渠道等的影响也是后续可继续深化的重要方向。

2.5 对PPP模式下特色小镇社会资本方引入的启示

只有引入恰当的社会资本方，采用PPP模式建设特色小镇才有价值和意义。但是采用PPP模式引入社会资本方进行特色小镇基础设施开发而非地产开发，对于没有经验的社会资本方而言属于收益低、风险大的投资。因此，未来采用PPP模式开发特色小镇时，如何选择"有经验"的社会资本方，一些可借鉴的经验包括：

（1）与政府、金融机构、媒体等支持密不可分。特色小镇的建设和运营离不开良好的外部环境的支持，因此，政府的积极推动、金融机构的积极帮助和媒体的正向宣传缺一不可。特色小镇引入社会资本方需要社会环境对社会资本方的进入持开放的态度，避免变相指导、吃拿卡要、求全责备等现象的发生，对社会资本方引入特色小镇持包容的态度，坚守底线，小事不苛责。对于整体偏于开放风格的省份，更有利于特色小镇的发展。对于整体偏于保守风格的省份，可以通过一些经济特区等方式降低外部支持门槛，在特区内实现PPP模式下特色小镇的建设和运营。

（2）选择特色小镇社会资本方时，类似于设计招标这类不确定性较大的项目，由于方案设计不在同一水平线上，因而不宜采用最低价中标模式加以选择。应当尽量选择企业规模较大、有特色小镇投资经验、有建设运营一体化经验、企业一把手对该特色产业长期有兴趣爱好的企业投资。企业规模较大意味着企业抗风险能力较强。企业有过特色小镇投资经验意味着社会资本方知道从建设到运营一整套流程如何实现。即使没有特色小镇运作经验，选择有过建设运营一体化经验的企业能够理解建设和运营如何真正实现协同。企业一把手的偏好使得企业一把手对该特色产业有高于常人的理解，知晓该产业应当如何发展，进而会带来更加合理的方案设计和规划设计。

参考文献

[2-1] 张雷. 运动休闲特色小镇：概念、类型与发展路径[J]. 体育科学，2018（1）：18-26，41.

[2-2] 王志文，沈克印. 产业融合视角下运动休闲特色小镇建设研究[J]. 体育文化导刊，2018（1）：77-81.

[2-3] 吕晓林，金霞. 跨界融合视阈下体育特色小镇建设研究[J]. 广州体育学院学报，2018（5）：20-22.

[2-4] 柳鸣毅，丁煌，张毅恒，等. 我国运动休闲特色小镇产业演化机制、运作体系与治理路径[J]. 天津体育学院学报，2019（2）：144-149.

[2-5] 鲁志琴. "产城人文"视角下体育特色小镇发展"顶层设计"问题反思[J]. 天津体育学院学报，2018（6）：522-527+552.

[2-6] 王松，张凤彪，崔佳琦. 传统体育文化融入运动休闲特色小镇建设研究[J]. 体育文化导刊，2018（5）：79-83.

[2-7] 李乐虎，高奎亭，黄晓丽. 文化自觉视角下运动休闲特色小镇建设研究[J]. 体育文化导刊，2018（9）：70-74，117.

[2-8] 代方梅. "品牌基因"理论视角下体育特色小镇品牌构建研究[J]. 湖北大学学报（哲学社会科学版），2018（6）：116-122.

[2-9] 高振峰. 我国体育特色小镇品牌竞争力的培育机制研究[J]. 体育与科学，2019（2）：47-53.

[2-10] 张潇潇. 互联网+视域下的"体育小镇"构建研究[J]. 南京体育学院学报（社会科学版），2017（4）：18-22.

[2-11] 陈洋，孙辉，孔庆波，等. 回头经济背景下运动休闲特色小镇发展路径研究[J]. 体育文化导刊，2018（11）：100-105.

[2-12] 熊金凤，葛春林. 精准扶贫视域下运动休闲特色小镇建设路径研究[J]. 体育文化导刊，2018（8）：99-102，108.

[2-13] 郭琴. 体育特色小镇建设二元模式的路径探索[J]. 体育与科学，2018（2）：89-94.

[2-14] 周文静，李凌，张瑞林，等. 体育特色小镇建设与新型城镇化耦合发展机理、演化模式与发展路径[J]. 武汉体育学院学报，2019（2）：33-39.

[2-15] 司亮，王薇. 我国体育小镇空间生产的理论框架及实践路径[J]. 沈阳体育学院学报，2017（5）：53-58.

[2-16] 董芹芹，沈克印. 法国运动休闲特色小镇建设经验及对中国的启示——以霞慕尼（Chamonix）小镇为例[J]. 武汉体育学院学报，2018（6）：20-25.

[2-17] 张宝雷，张月蕾，徐成立，等. 国外体育特色小镇建设经验与启示[J]. 山东体育学院学报，2018（4）：47-51.

[2-18] 叶小瑜，谢建华，董敏. 国外运动休闲特色小镇的建设经验及其对我国的启示[J]. 南京体育学院学报（社会科学版），2017（5）：54-58.

[2-19] 朱敏，瞿迪. 国外运动休闲特色小镇类型、特点与启示[J]. 体育文化导刊，2018（10）：126-131.

[2-20] 李明. PPP模式介入公共体育服务项目的投融资回报机制及范式研究——对若干体育小镇的考察与思考[J]. 体育与科学，2017（4）：86-93.

[2-21] 朱焱，于文谦，戴红磊. 我国运动休闲特色小镇建设运营的PPP模式研究——基于可行性逻辑关系的视角[J]. 山东体育学院学报，2018（5）：61-66.

[2-22] 陈旭斌，段永辉. 特色小镇PPP项目社会资本利益保障问题研究[J]. 现代经济信息，2018（12）：8.

[2-23] 王珊,匡丽萍. 政企合作(PPP)模式下我国体育特色小镇建设机制研究[J]. 体育世界(学术版), 2019(1): 55, 51.

[2-24] 魏蓉蓉,邹晓勇. 特色小镇发展的PPP创新支持模式研究[J]. 技术经济与管理研究, 2017(10): 125-128.

[2-25] 魏婷,张怀川,马士龙,等. 基于"PPP创新金融支持模式"视野下我国运动休闲特色小镇建设研究[J]. 沈阳体育学院学报, 2018(5): 1-7.

[2-26] 张春平. 特色小镇PPP项目证券化税务问题探析[J]. 财务与会计, 2018(9): 60-62.

[2-27] 邵桂华,郭利军. 运动休闲特色小镇PPP建设模式的风险分担模型研究[J]. 天津体育学院学报, 2017(6): 461-467.

[2-28] 朱东阳. 特色小镇PPP项目主要法律风险识别和防范——以社会资本方为视角[J]. 改革与开放, 2017(15): 70-71.

[2-29] 胡钰,王一凡. 文化旅游产业中PPP模式研究[J]. 中国软科学, 2018(9): 160-172.

[2-30] 蔡若愚. 中体飞行：航空运动金字塔筑底者[EB/OL]. [2018-5-21]. http://www.chinadevelopment.com.cn/news/cy/2017/09/1173950.shtml,2017-09-08/.

[2-31] 薛小龙,窦玉丹. "PPP模式+装配式"特色小镇项目的主体关系研究[J]. 工程管理学报, 2018(6): 40-45.

[2-32] 罗世美,黄秋玉,李阳,等. 浅析特色小镇投融资体制[J]. 中国集体经济, 2019(7): 110-112.

[2-33] 代政,吕守军. PPP项目关键因素研究——基于政府和社会资本的比较分析[J]. 软科学, 2019(4): 16-20.

[2-34] 许项. PPP模式下的特色小镇规划设计探讨[J]. 工程技术研究, 2019(3): 204, 206.

[2-35] 赖一飞,雷慧,沈丽平. 三方共赢的特色小镇PPP风险分担机制及稳定性分析[J]. 资源开发与市场, 2018(10): 1444-1449.

[2-36] 阙秋莹，贾成斌，蒋晓涵. 特色小镇开发建设中PPP模式应用研究［J］. 市场周刊，2019（3）：62-63.

[2-37] 万树，徐玉胜，张昭君，等. 乡村振兴战略下特色小镇PPP模式融资风险分析［J］. 西南金融，2018（10）：11-16.

[2-38] 唐玉华. PPP模式下特色小镇建设路径研究——以香河机器人小镇为例［J］. 现代经济信息，2019（1）：493.

[2-39] 吴婧. 基于风险视角的特色小镇PPP融资路径分析［J］. 信阳农林学院学报，2018（4）：69-71.

[2-40] 廖茂林. 聚焦特色小镇融资［J］. 银行家，2017（4）：124-126.

[2-41] 洪文霞，薛娜，王闪闪. 特色小镇PPP模式建设风险评价研究［J］. 价值工程，2018（35）：36-38.

[2-42] 姚振东. 特色小镇PPP融资模式探析［J］. 时代经贸，2018（35）：12-13.

[2-43] 赵华. 旅游特色小镇创新开发探析［J］. 经济问题，2017（12）：104-107.

[2-44] Xiaosu Ye, et al. Empirical analysis of firms' willingness to participate in infrastructure ppp projects［J］. Journal of Construction Engineering & Management，2018，144（1）：04017092.

第3章　基于PPP模式的特色小镇建设项目治理

PPP模式特色小镇建设项目由于其资金来源、管理周期的复杂性，造成项目利益相关方关系复杂且交互，因此分析项目治理问题有助于破解利益相关方的复杂性，提出规律性的解决方案。

3.1　文献综述

项目治理问题是近十年的热点问题。现有项目治理研究主要围绕以下几个研究主题展开进一步探索。

1. 治理机制

治理机制是基于治理底层理论体系的管理理论研究。早期研究者以开源软件开发项目为例，研究了两个软件开发社区里不同的治理结构（Shah & Sonali，2006），提出了输出控制机制、行为控制机制、团队控制机制和自控制机制，包括了19个控制变量（Tullio，2013）。

2. 项目治理的作用

近年来，对组织治理结构与组织绩效的关系研究贯穿始终。但是面对不同类型的项目，组织治理结构与组织绩效的关系又存在一定差异。对于建筑合资公司，Ho和Lin（2009）研究了建筑合资公司组织治理结构选择模型，认为4个因素主要决定了组织治理结构选择，分别是：协同文化差异、信任、购买自主权需求和学习动机。在此基础上，通过比较实际治理结构和理想治理结构的差异，评价治理结构错配程度，实证了不同的组织治理结构会显著影响合资公司的绩效（Lin，Y. H. & Ho，S. P.，2013）。对于协作型基础设施工程，Chen等（2014）的研究认为非正式组织治理机制（关系治理）比正式组织治理机制（合同治理）更有效地反映对组织绩效的影响，但在采购环节，非合同治理主要依赖于领导力和团队工作，合同治理主要依赖于风险和奖励机制，这两种机制同样有效，只不过应用于不同的场景之下（Le，C.，Karen，2018）。对于组合项目，Urhahn（2014）的研究也认为组合管理治理有助于解释企业高的创新输出。对于商业项目，Rai等（2012）的研究认为关系治理和契约治理均显著影响了商业过程资源的满意度，关系治理过程中更依赖于信任去实现目标。基于IT外包项目的研究认为不同治理方式获得的效果不同，合同治理有助于改进外包资源的效率，而关系治理有助于提升商业必需的满意度（Cao等，2013），并分析了两种治理模式的互补性和替代性（Thomas L. Huber等，2013）。对于重大工程，Wang等（2019）认为演化项目治理通过交易成本的中介和关系契约的调节，对项目绩效产生了显著的正向影响，其中演化项目治理对交易成本产生了显著的负向影响，交易成本对项目绩效产生了显著的负向影响，Li等（2019）构建了项目治理与项目绩效的相关模型，认为二者存在显著的正向相关关系。从机制来看，Young等（2019）发现项目治理中的五种治理机制（视野、变革、资助、考核指标、监控）

与项目成功和项目全生命周期不同阶段的有效性产生了显著相关。Turner（2020）认为项目治理可通过项目决策影响项目绩效。

项目治理也可以调节和规范各利益相关方的行为。Khallaf（2018）认为项目治理可用于调节项目内部三方交互风险。Qian（2018）认为项目治理能控制承包商机会主义行为。Xie等（2019）认为项目关系的治理是降低项目风险的重要手段，项目利益相关方能够选择合适的伙伴去改进中心度，减少网络密度以增加他们获取资源的能力，增强他们在社会网络中的影响和独立性，对于业主方而言，识别和监控关键的利益相关方是通过项目治理降低项目关系风险的重要手段。

3. 合同治理与关系治理

合同治理是项目治理的一条重要路径。已有研究认为，业主的风险分配和承包商的公平感知、承包商协作行为存在负向影响关系，但承包商的公平感知与承包商协作行为存在正向影响关系（Zhang等，2016）。复杂的契约可以正向影响安全感知和严谨感知，安全感知能够加强一方对另一方的信任，但严谨感知会降低一方对另一方的信任（Zhang等，2020）。

关系治理是项目治理的另一条重要路径。Lin等（2020）分析了国际环境复杂性调节下关系治理对国际工程承包商的适应性，认为关系治理的沟通、互惠性交换、情感三个维度显著积极地影响了国际工程承包商的适应性。

对于合同治理和关系治理的关系，Cao（2013）认为二者各有作用，不可偏废，Huber（2013）认为存在互补性和替代性的关系。而Camilo（2019）认为两者既不是互补性也不是替代性关系，而是结合组织地位的奖惩信念系统中相互矛盾又相互补充的灵活调整的关系，Howard（2017）

认为情境逻辑是关键要素，并认为某些活动对某些情境是有功能的，但对某些情境就是功能失调的。Chen（2018）等同样认为不同情境决定采用合同治理和关系治理不同方式，两者都很重要。

4. 知识治理与BIM治理

基于知识治理的研究是项目治理的重要分支。知识在创造过程中需要厘清谁负责知识创造，又需要和哪些人协作创造知识，为了实现知识创造这个战略目标而需要的组织结构、创造知识责任、创造知识所有权等的集合称为知识治理。现有研究普遍肯定知识创造各方之间的信任和友好有助于知识创造，进而提升项目绩效（Benitez-Avila等，2019）。Bosch Sijtsema等（2009）以协作创新项目为例，基于知识为基础的视角，认为组织内信任在治理机制中起到了关键作用。Ghosh（2012）通过研究知识治理在AEC项目中知识创造的作用，认为构建知识友好型文化有助于知识治理，是实现项目成功的重要因素。Kenny（2012）提出基于合同提升组织治理和效率。Zerjav等（2012）采用案例研究方法研究了多国组织背景下，设计—施工集成交付内部治理，研究知识集成下对成本降低的影响。在基础设施工程中，协作学习能力包括18条个体学习路径，组成6项学习因素，形成3个学习阶段，协作学习能力能通过治理结构影响到项目绩效（Manley等，2017）。

BIM涉及多利益相关方合作，也引起大量的利益相关方冲突，因而通过BIM治理模型调整利益相关方关系，成为重要的冲突协调机制（Rezgui等，2013）。进一步，Alreshidi（2017）分析了有效BIM治理的影响因素，基于半结构化访谈提出了BIM治理的框架，包括三个主要成分：①行动者和团队；②数据管理和信息沟通技术（ICT）；③进程和契约。在此基础上，Alreshidi（2016）又开发了以云端为基础的BIM治理平台，解决了需求和规格参数的问题。

5. PPP项目中涉及的项目治理

对于PPP项目的治理，现有研究表明：特许运营公司（SPV公司）在强力管控技术和财务信息降低项目成本、消除公共方和社会资本方信息不对称等方面具有重要的作用（Cohen等，2016）。Khallaf等采用博弈论方法，发现PPP项目内部三方交互风险可通过项目治理予以解决。Neto（2020）以巴西的PPP项目为例，认为项目治理能够有效促进项目成功交付，减少PPP项目，让更多可理解的PPP项目单元落实更便于项目成功交付，此外，项目单元越大，实施的项目越多，往往获得更多的好评。

综上所述，现有对PPP项目治理的研究较少，重点研究了SPV公司在PPP项目中的作用，突出了SPV公司的核心地位，但对PPP项目复杂利益相关方之间的关系，以及复杂利益相关方之间信息传递、指令下达、监督机制路径和利益相关方反应等研究并不明确。基于关系视角，对PPP项目治理中组织结构优化缺乏针对性。本部分内容将基于关系治理层面，以信息传递为媒介，结合项目治理相关内容提出一个治理框架和若干治理策略，为PPP项目治理提供参考。

3.2 PPP模式下特色小镇组织特色

PPP模式由于融资模式不同，造成特色小镇组织与政府投资型特色小

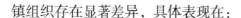

镇组织存在显著差异，具体表现在：

1. 特色小镇组织包含了更多的利益相关方

传统的特色小镇利益相关方主要包括地方政府、业主方、承包方、设计方、勘察方、监理方、社会公众、项目领导小组、项目指挥部等利益相关方。PPP模式特色小镇在组织上更为复杂地表现为：首先，引入了基于社会资本的社会资本方、银行、财务公司等利益相关方以及社会资本与业主方的合作方，如SPV公司等。其次，由于资本构成的复杂性，引入了大量监管机构保证组织合规运行，如政府财政部（财政局）、发展改革委等。

2. 特色小镇组织呈现为多个子网络交互的复杂组织群系统

PPP模式特色小镇组织存在着复杂的指令和监管关系。特色小镇组织之间主要存在以下三种关系：首先，指令关系。如项目领导小组对项目指挥部，项目指挥部对各承包商之间均存在着较为清晰的上下级指令关系。其次，监督关系。例如政府财政部门对SPV公司的资金使用具有监督职能等。最后，同业交流关系。例如特色小镇市政管网承包商与具体地块管网承包商之间存在对接、交流、合作等多重关系。

3. 特色小镇组织有着独特的SPV方，占据特色小镇建设组织网络的核心地位，但实际上SPV方未必是特色小镇组织真实的决策者

PPP模式的特色小镇不可避免地存在SPV方，SPV方与代建制中的"二甲方"以及项目管理咨询中的项目管理公司存在显著差异，具体表现在：首先，所处地位不同。无论是"二甲方"还是项目管理公司都是替甲方管

项目，二者存在"委托—代理"关系，二者只是代理甲方实施各项职能。而SPV方能够代替政府方、社会资本方的任何一方行使甲方责任，是真正的甲方。其次，持续时间不同。无论是"二甲方"还是项目管理公司，参与项目都具有阶段性，不能贯穿项目全生命周期，都是以与甲方签订合同的服务周期为限，而SPV方必须贯穿项目全生命周期从事相关经营工作。最后，所承担责任不同。无论是"二甲方"还是项目管理公司，与甲方签订的均为咨询合同，这意味着无论是"二甲方"还是项目管理公司只提供建议权，最终决策权在甲方，甲方也为所有的"二甲方"、项目管理公司或甲方自身的行为承担全部责任和后果。而SPV公司直接策划、建设、经营整个项目，对项目的结果负全部责任，而无论是政府还是社会资本方对项目均不承担直接责任。因此，从组织表面看，SPV方处于特色小镇建设组织网络的核心地位。

但从SPV公司人员构成情况分析可知，SPV公司人员一般来源于三方面，即政府方、社会资本方以及其他为实现项目目标而雇佣的特定管理或技术人员。一般情况下，社会资本方占据SPV公司的绝对控股地位，通过SPV公司内部治理，社会资本方可以尽可能多地吸收来自政府城投平台等原甲方单位的合理意见，但决策层面，社会资本方仍然能够较大程度地主导SPV公司行为。因此，在治理框架下，特色小镇组织的实际控制人和真实决策者应为社会资本方。

3.3 PPP模式下特色小镇组织网络的构建

组织的利益相关方只有在组织网络的特定位置，才能发挥其最大的效能（Rowley, T. J., 1997）。本书即以片区开发PPP项目包含了业主方、监管方、参建方总和的利益相关方组织场域为其边界，研究其中各主体之间的联系。从网络主体的角度，PPP项目的利益相关方包括政府、社会资本方、特许经营公司（SPV）、承包商、供应商、运营商、融资方等主体，结合本书实际情况，共包括49个研究主体，具体如表3.2所示。主体之间联系借鉴已有研究成果，基于联系目的的不同，分别按工作交流和工作监督需求，面向相同的利益相关方全部主体构建二重网络结构，分别为：①交流合作网络，指项目官方信息、非官方信息、指令、知识、经验等通过正式和非正式的渠道在项目组织内部和组织间传播和协作形成的关系网络；②监督关系网络，指基于法律法规要求和项目管理需求，面向被监管方的工作监管、审查、检查关系网络。

为了进一步表征利益相关者之间的关系，需要通过恰当的网络参数显化网络结构，量化利益相关方的特征和重要性。本书主要通过个体中心度定量表征项目群利益相关方对项目其他利益相关方的影响力，具体而言，本书通过度数中心度（Degree Centrality）、邻接中心度（Closeness Centrality）、中介中心度（Betweenness Centrality）和特征向量中心度（Eigenvector Centrality）加以表征。

度数中心度主要根据有向网络的矢量指向关系，分为两种：入度和出度。入度是指别的节点指向本节点的有向矢量数量，即问卷过程中别的利益相关方涉及本方的次数，出度是指本节点指向别的节点的有向矢量数量，即问卷过程中本方涉及别的利益相关方的次数。度数中心度为考虑入度和出度各自权重的代数和。其表达式为：

$$C_{\mathrm{D}}(n_i) = \frac{mm(n_i)}{N-1} \quad (3\text{-}1)$$

其中：N指网络规模，$mm(n_i)$为与节点n_i相连的线条数。

邻接中心度反映在网络中某一节点与其他节点之间的接近程度，关注本节点与中心的局部节点重要程度。其表达式为：

$$C_{\mathrm{C}}(n_i) = \frac{N-1}{\sum_{j=1}^{n} d(n_i, n_j)} \quad (3\text{-}2)$$

其中：N指网络规模，$d(n_i, n_j)$为节点n_i和n_j之间的短程线距离。

中介中心度以经过某个节点的最短路径数目来刻画节点重要性的指标。其表达式为：

$$C_{\mathrm{B}}(n_i) = \frac{\sum_{j<k}^{i} g_{jk}(n_i) / g_{jk}}{(N-1)(N-2)} \quad (3\text{-}3)$$

其中：N指网络规模，g_{jk}表示节点n_j和n_k之间存在的短程线数目，$g_{jk}(n_i)$表示包含行动者n_i的两个行动者之间的短程线数目。

特征向量中心度关注本节点在整个网络中的价值，本节点的中心度受相邻节点中心度的影响，当相邻节点的中心度越高时本节点的中心度越高。

$$C_{\mathrm{E}}(n_i) = c\sum_{j=1}^{n} a_{ij} x_j = cAx \quad (3\text{-}4)$$

其中：c为一个比例常数，x_i为节点n_i的重要性度量值，记$x=[x_1, x_2, x_3, …, x_n]^{\mathrm{T}}$。$x$是特征值$c^{-1}$对应的特征向量（Knoke D等，2019）。

在上述研究的基础上，本书以D小镇的合同关系和组织关系为案例研究对象，获取利益相关方及其关系数据。D小镇位于我国东北地区，占地面积为6km^2，主要产业包括旅游业和商贸服务业，采用BOT模式进行运作。根据Wind数据库，政府与社会资本合作库处于执行阶段的26项PPP项目中，17项采用BOT模式，2项采用BOT+TOT模式，5项采用其他模式，故我国PPP项目中采用BOT模式仍然是主流模式，因此，本书所选案例能够代表我国现阶段特色小镇PPP运营的主流运作方式，具有典型性。

本书主要采用问卷调查的方法对项目参与方进行调查，采取自项目社会资本方向项目其他利益相关方发放问卷的方式，社会资本方在自身填写的基础上，由社会资本方主导向其他48个利益相关方推动发放。考虑研究的严谨性和数据的可采集性，由每个利益相关方提供2~3份问卷供不同受访者填写。判断每个利益相关方和其他利益相关方的联系则采用该利益相关方和对方利益相关方各份问卷的并集，即考虑受访者所有可能的联系。判断每个利益相关方和其他利益相关方的联系频率和监管关系采用该利益相关方和对方利益相关方各份问卷的频率和监管关系的最大值，即考虑受访者工作条件不同或受访者存在遗忘的可能，选择这些利益相关方联系的最密切程度和最强监管关系。当存在本份问卷作出联系判断但未作出联系频率或监管程度填写时，按照缺失值处理；当存在本份问卷作出联系频率或监管程度填写但未作出联系判断时，按照存在联系处理。

3.4　PPP模式下特色小镇组织网络分析

1. 网络特征分析

研究将调研中收集到的关系数据导入社会网络分析软件Gephi 0.9.2中

进行分析。交流合作网络具有的可观测连接共418条；监督关系网络具有的可观测连接共74条。对于网络关系强度，包括交流合作网络关系和监督网络关系，采用李克特量表对其分别作出界定，作为网络连接的权重。对于交流合作关系，当问卷填写者认为基本无交流时可以选0，每月1次交流可以选1，每周1次交流可以选2，每周2~3次交流可以选3，每日1次以上交流可以选4，表明问卷填写者的观察结果。对于监督网络关系，当问卷填写者认为无监督关系时可以选0，当问卷填写者认为存在对方向自己报备的关系时可以选1，当问卷填写者认为存在对方被自己监督的关系时可以选2。

如表3.1所示，交流合作网络的平均度和平均加权度均显著大于监督关系网络，说明项目群内的利益相关方工作合作频率要显著高于监督关系频率，说明项目群中的利益相关方能通过正式关系和非正式关系等多种关系

项目描述性统计　　　　　　　　　　表 3.1

描述性统计指标	交流合作网络	监督关系网络
平均度	8.531	1.510
平均加权度	13.735	2.551
平均权数	1.610	1.689
最小值	1	1
最大值	4	2
节点数	49	49
联系数量	418	74
网络直径	4	5
平均路径长度（特征路径长度）	2.137	2.980
图密度（聚合系数）	0.178	0.031

共同促进项目目标的实现。交流合作网络的平均权数为1.610,而其权值区间为1~4(权值为0不构成连线,下同),因而该网络中大部分连接频率较低,为平均频率1个月联系1次的关系。监督关系网络的平均权数为1.689,而其权值区间为1~2,因而该网络中68.9%为监督关系,31.1%为报备关系。交流合作网络直径小于监督关系网络,平均路径长度也显著小于监督关系网络,表明监督关系网络相较于交流合作网络,存在沟通环节较多、沟通路径较长、消息传递缓慢等问题。

2. 中心度分析

使用Gephi软件对项目群进行交流合作网络和监督关系网络的可视化,结果如图3.1、图3.2所示,网络包含了49个利益相关方,分别用节点表示,箭线从点A指向点B分别表示利益相关方A对利益相关方B的主动交流合作关系和利益相关方A对利益相关方B的监督/报备关系。箭线越粗表明该联系的权重越高,当且仅当二者无联系时,不显示任何箭线。

对上述网络进行度数中心度、加权度数中心度、邻接中心度、中介中心度和特征向量中心度测度,形成结果如表3.2所示。交流合作网络中度数中心度和加权度数中心度前三位分别为:特许经营公司、项目指挥部和项目承包方。这表明项目中与其他利益相关方联系程度最密切的是特许经营公司和项目指挥部,特许经营公司不仅需要管项目,还需要与政府部门、融资部门、监管部门对接,因而信息获取要显著多于项目指挥部。项目承包方作为总包方,不仅要完成自身任务,还要协调各子项目的承包方完成任务,因而是联系第三密切的利益相关方。邻接中心度前三位的分别为:特许经营公司、项目指挥部,项目承包方和园区道路承包方并列第三。

第3章 基于PPP模式的特色小镇建设项目治理

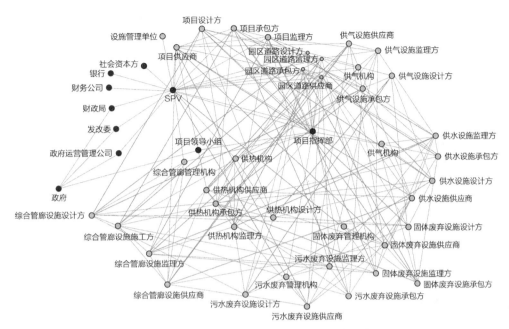

图3.1 项目关系网络图（交流合作网络图）

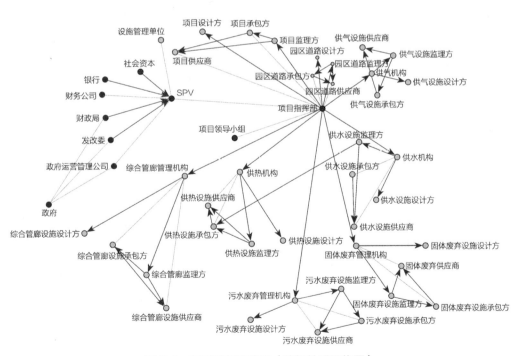

图3.2 项目关系网络图（监督关系网络图）

表 3.2 交流合作网络和监督关系网络中心度

利益相关方类型	交流合作网络					监督关系网络				
	度数中心度	加权度数中心度	邻接中心度	中介中心度	特征向量中心度	度数中心度	加权度数中心度	邻接中心度	中介中心度	特征向量中心度
社会资本	2	4	0.396694	0	0.097775	1	2	0.286713	0	0
政府运营管理公司	4	4	0.40678	22.333333	0.104307	2	3	0.286713	13.666667	0.007922
特许经营公司（SPV）	44	83	0.648649	744.466667	1	8	13	0.392157	280	0.110452
财政局	4	4	0.40678	22.333333	0.104307	2	3	0.286713	13.666667	0.007922
发展改革委	4	4	0.40678	22.333333	0.104307	2	3	0.286713	13.666667	0.007922
项目领导小组	4	6	0.393443	21	0.097242	1	1	0.386139	0	0
项目指挥部	32	73	0.6	191.466667	0.941944	16	26	0.612903	342	0.222899
项目设计单位	20	27	0.484848	62.5	0.60856	1	2	0	0	0.280442
项目承包方	24	42	0.564706	74.433333	0.894066	3	5	1	0	0.541617
项目监理方	22	35	0.521739	63	0.776457	3	6	1	0	0.280442
银行	2	2	0.396694	0	0.097775	1	2	0.286713	0	0
企业财务公司	2	2	0.396694	0	0.097775	1	1	0.286713	0	0
项目供应商	22	33	0.521739	63	0.776457	3	5	0	0	1

续表

利益相关方类型	交流合作网络					监督关系网络				
	度数中心度	加权度数中心度	邻接中心度	中介中心度	特征向量中心度	度数中心度	加权度数中心度	邻接中心度	中介中心度	特征向量中心度
设施管理单位	2	2	0.396694	0	0.097775	1	1	0	0	0.214977
污水废弃管理机构	12	27	0.527473	44.133333	0.421171	5	8	1	40	0.280442
固体废弃管理机构	12	27	0.527473	44.133333	0.421171	5	8	1	40	0.280442
供水机构	12	27	0.527473	44.133333	0.421171	5	8	1	40	0.280442
供热机构	12	27	0.527473	44.133333	0.421171	5	8	1	40	0.280442
供气机构	12	27	0.527473	44.133333	0.421171	5	8	1	40	0.280442
综合管廊管理机构	18	22	0.432432	27.933333	0.458922	1	2	0	0	0.261174
污水废弃设施设计方	22	38	0.505263	53.533333	0.718478	3	5	1	0	0.466305
污水废弃设施承包方	20	31	0.466019	30.133333	0.612794	3	6	1	0	0.261174
污水废弃设施监理方	20	30	0.466019	30.133333	0.612794	3	5	0	0	0.818012
污水废弃设施供应商										

续表

利益相关方类型	交流合作网络					监督关系网络				
	度数中心度	加权度数中心度	邻接中心度	中介中心度	特征向量中心度	度数中心度	加权度数中心度	邻接中心度	中介中心度	特征向量中心度
固体废弃设施设计方	18	22	0.432432	27.933333	0.458922	1	2	0	0	0.261174
固体废弃设施承包方	22	38	0.505263	53.533333	0.718478	3	5	1	0	0.466305
固体废弃设施监理方	20	31	0.466019	30.133333	0.612794	3	6	1	0	0.261174
固体废弃设施供应商	20	30	0.466019	30.133333	0.612794	3	5	0	0	0.818012
供水设施设计方	18	22	0.432432	27.933333	0.458922	1	2	0	0	0.261174
供水设施承包方	22	38	0.505263	53.533333	0.718478	2	3	1	0	0.261174
供水设施监理方	20	31	0.466019	30.133333	0.612794	3	6	1	0	0.261174
供水设施供应商	20	30	0.466019	30.133333	0.612794	3	5	0	0	0.671436
供热设施设计方	18	22	0.432432	27.933333	0.458922	1	2	0	0	0.261174
供热设施承包方	22	38	0.505263	53.533333	0.718478	4	7	1	0	0.671436
供热设施监理方	20	31	0.466019	30.133333	0.612794	3	6	1	0	0.261174
供热设施供应商	20	30	0.466019	30.133333	0.612794	3	5	0	0	0.964588

续表

利益相关方类型	交流合作网络					监督关系网络				
	度数中心度	加权度数中心度	邻接中心度	中介中心度	特征向量中心度	度数中心度	加权度数中心度	邻接中心度	中介中心度	特征向量中心度
供气设施设计方	18	22	0.432432	27.933333	0.458922	1	2	0	0	0.261174
供气设施承包方	22	38	0.505263	53.533333	0.718478	3	5	1	0	0.466305
供气设施监理方	20	31	0.466019	30.133333	0.612794	3	6	1	0	0.261174
供气设施供应商	20	30	0.466019	30.133333	0.612794	3	5	0	0	0.818012
综合管廊设施设计方	18	22	0.432432	27.933333	0.458922	1	2	0	0	0.261174
综合管廊设施承包方	22	38	0.505263	53.533333	0.718478	3	5	1	0	0.466305
综合管廊设施监理方	20	31	0.466019	30.133333	0.612794	3	6	1	0	0.261174
综合管廊设施供应商	20	30	0.466019	30.133333	0.612794	3	5	0	0	0.818012
人民政府	8	9	0.303797	9	0.044883	3	3	0.235294	0	0
园区道路设计方	20	25	0.484848	62.5	0.60856	1	2	0	0	0.280442
园区道路承包方	24	39	0.564706	74.433333	0.894066	3	5	1	0	0.541617
园区道路监理方	22	35	0.521739	63	0.776457	3	6	1	0	0.280442
园区道路供应商	22	29	0.521739	63	0.776457	3	5	0	0	1

表明特许经营公司处于与其他利益相关方路径最近的位置，发生工作信息交流时所需时间最短，在同等介质传播情形下信息出现误差的机会最小。中介中心度前三位的分别为：特许经营公司、项目指挥部，项目承包方和园区道路承包方并列第三。表明网络内部利益相关方间信息传递最短路径为经由特许经营公司传递，而经由园区道路承包方传递信息与经由项目承包方传递信息理论上效果一致。特征向量中心度前三位分别为：特许经营公司、项目指挥部，项目承包方和园区道路承包方并列第三。表明该网络中从工作信息传递角度，价值最大的是特许经营公司，与本项目中主要利益相关方均建立了有效密切的联系，其次为项目指挥部，再次为项目承包方。

监督关系网络中度数中心度和加权度数中心度前三位分别为：项目指挥部，特许经营公司，污水废弃管理机构、固体废弃管理机构、供水机构、供热机构、供气机构、综合管廊管理机构。项目指挥部是项目建设实施的实际管理者，因而相较于特许经营公司，更多担任的是具体工作监管角色。邻接中心度均为1的是：项目承包方，项目监理方，污水废弃管理机构、承包方、监理方，固体废弃管理机构、承包方、监理方，供水机构、承包方、监理方，供热机构、承包方、监理方，供气机构、承包方、监理方，综合管廊管理机构、承包方、监理方，表明上述机构到其他节点有最短距离，说明上述机构有唯一的监管信息传递路径，更符合直线型需求。相较于上述单位，项目指挥部和特许经营公司在获取监管信息过程中处于劣势地位。中介中心度前三位的分别为：项目指挥部、特许经营公司，并列第三分别为污水废弃管理机构、固体废弃管理机构、供水机构、供热机构、供气机构、综合管廊管理机构，即项目指挥部是监管信息汇总最短路径经过最多的节点，其次为特许经营公司，再次为子项目管理机构，而底层机构中介中心度为0，这与项目层级式监管模式匹配。

3. 影响力分析

将项目利益相关方的影响力根据网络的不同分为工作影响力和职权影响力，工作影响力主要表征交流合作网络中各利益相关方的交流合作程度，职权影响力主要表征监督关系网络中各项目利益相关方的权力大小。影响力分别采用基于度的方式和基于PageRank算法的方式进行测度：基于度的方式认为出度越大表明该利益相关方的影响力越大，入度越大表明该利益相关方的被影响力越大；PageRank算法是Larry Page最早发明的旨在找出网页搜索链接最有效的网页的算法，其既考虑关系的数量，又考虑连接关系对象的影响力。研究结果如表3.3所示。

基于度的工作影响力最大的是项目的SPV方，其次是项目指挥部，第三位是园区道路的承包方；基于度的工作被影响力最大的是项目的SPV方，其次是项目指挥部，第三位是项目主体工程的承包方；基于PageRank算法的工作影响力最大的是SPV方，其次是项目指挥部，第三是项目主体工程的承包方和园区道路的承包方。基于PageRank算法的研究结果与基于度的研究结果一致，均认为项目的SPV方是交流合作网络中最重要的节点，项目指挥部次之，项目主体工程的承包方由于兼顾类似于整个项目群总承包的使命，需要更多接受各方的请求，因而是工作被影响力排第三位的利益相关方，而园区道路建设需要其他各方的配合，因而是工作影响力排第三位的利益相关方。

表 3.3 不同类型项目利益相关方影响力排序

利益相关方类型	基于度的工作影响力	基于度的工作被影响力	基于度的职权影响力	基于度的职权被影响力	基于 PageRank 算法的工作总体影响力	基于 PageRank 算法的职权总体影响力
社会资本	0.002971768	0.002971768	0.016	0	0.005541	0.010639
政府运营管理公司	0.002971768	0.002971768	0.016	0.008	0.009626	0.013654
特许经营公司（SPV）	0.059435364	0.063893016	0.016	0.088	0.064147	0.072583
财政局	0.002971768	0.002971768	0.016	0.008	0.009626	0.013654
发展改革委	0.004457652	0.004457652	0.008	0.008	0.009135	0.010639
项目领导小组	0.053491828	0.054977712	0.192	0	0.037419	0.050529
项目指挥部	0.019316493	0.020802377	0	0.016	0.023126	0.01371
项目设计单位	0.028231798	0.034175334	0.016	0.024	0.026163	0.019534
项目承包方	0.026745914	0.02526003	0.032	0.016	0.024404	0.01371
项目监理方	0.001485884	0.001485884	0.016	0	0.005541	0.010639
银行	0.001485884	0.001485884	0.008	0	0.005541	0.010639
企业财务公司	0.02526003	0.023774146	0	0.04	0.024404	0.03613
项目供应商	0.001485884	0.001485884	0	0.008	0.005541	0.041486
设施管理单位	0.017830609	0.022288262	0.048	0.016	0.015083	0.01371
污水废弃管理机构	0.017830609	0.022288262	0.048	0.016	0.015083	0.01371
固体废弃管理机构						

续表

利益相关方类型	基于度的工作影响力	基于度的工作被影响力	基于度的职权影响力	基于度的职权被影响力	基于PageRank算法的工作总体影响力	基于PageRank算法的职权总体影响力
供水机构	0.017830609	0.022288262	0.048	0.016	0.015083	0.01371
供热机构	0.017830609	0.022288262	0.048	0.016	0.015083	0.01371
供气机构	0.017830609	0.022288262	0.048	0.016	0.015083	0.01371
综合管廊管理机构	0.017830609	0.022288262	0.048	0.016	0.015083	0.01371
污水废弃设施设计方	0.016344725	0.016344725	0	0.016	0.020785	0.013552
污水废弃设施承包方	0.028231798	0.028231798	0.016	0.024	0.023821	0.01931
污水废弃设施监理方	0.02526003	0.020802377	0.032	0.016	0.022061	0.013552
污水废弃设施供应商	0.022288262	0.022288262	0	0.04	0.022061	0.035723
固体废弃设施设计方	0.016344725	0.016344725	0	0.016	0.020785	0.013552
固体废弃设施承包方	0.028231798	0.028231798	0.016	0.024	0.023821	0.01931
固体废弃设施监理方	0.02526003	0.020802377	0.032	0.016	0.022061	0.013552
固体废弃设施供应商	0.022288262	0.022288262	0	0.04	0.022061	0.035723
供水设施设计方	0.016344725	0.016344725	0	0.016	0.020785	0.013552
供水设施承包方	0.028231798	0.028231798	0.016	0.008	0.023821	0.013552
供水设施监理方	0.02526003	0.020802377	0.032	0.016	0.022061	0.013552
供水设施供应商	0.022288262	0.022288262	0	0.04	0.022061	0.030826

续表

利益相关方类型	基于度的工作影响力	基于的工作被影响力	基于度的职权影响力	基于度的职权被影响力	基于 PageRank 算法的工作总体影响力	基于 PageRank 算法的职权总体影响力
供热设施设计方	0.016344725	0.016344725	0	0.016	0.020785	0.013552
供热设施承包方	0.028231798	0.028231798	0.016	0.04	0.023821	0.025068
供热设施监理方	0.02526003	0.020802377	0.032	0.016	0.022061	0.013552
供热设施供应商	0.022288262	0.022288262	0	0.04	0.022061	0.04062
供气设施设计方	0.016344725	0.016344725	0	0.016	0.020785	0.013552
供气设施承包方	0.028231798	0.028231798	0.016	0.024	0.023821	0.01931
供气设施监理方	0.02526003	0.020802377	0.032	0.016	0.022061	0.013552
供气设施供应商	0.022288262	0.022288262	0	0.04	0.020785	0.035723
综合管廊设施设计方	0.016344725	0.016344725	0	0.016	0.020785	0.013552
综合管廊设施承包方	0.028231798	0.028231798	0.016	0.024	0.023821	0.01931
综合管廊设施监理方	0.02526003	0.020802377	0.032	0.016	0.022061	0.013552
综合管廊设施供应商	0.022288262	0.022288262	0	0.04	0.022061	0.035723
人民政府	0.007429421	0.005943536	0.024	0	0.019206	0.010639
园区道路设计方	0.019316493	0.017830609	0	0.016	0.023126	0.01371
园区道路承包方	0.031203566	0.026745914	0.016	0.024	0.026163	0.019534
园区道路监理方	0.029717682	0.022288262	0.032	0.016	0.024404	0.01371
园区道路供应商	0.019316493	0.023774146	0	0.04	0.024404	0.03613

基于度的职权影响力最大的是项目指挥部，其次为污水废弃管理机构、固体废弃管理机构、供水机构、供热机构、供气机构；基于度的职权被影响力中最大的是SPV方，其次为项目供应商、污水废弃设施供应商、固体废弃设施供应商、供水设施供应商、供热设施承包方、供热设施供应商、供气设施供应商、综合管廊供应商、园区道路供应商；基于PageRank算法的职权总体影响力最大的是特许经营公司，其次是项目指挥部，第三是设施管理单位。基于度的职权影响力认为项目实施过程中，项目指挥部代SPV方管理项目，直接向各承包方和各子项目发号施令，因而具有最大的职权影响力，各子项目管理机构负责管理本项目的工程实施，因而对本项目有较强的发号施令权力，因而权力仅次于指挥部，基于度的职权被影响力中由于SPV方接受政府运营管理公司和社会资本的共同领导，又被政府的财政局和发展改革委共同监督，同时财务资金使用受到银行和贷款的企业财务公司的共同监督，因而是职权被影响力最大的利益相关方，而各项目的供应商既要满足承包方要求，又要接受监理单位的检查，因而成为仅次于SPV方的职权被影响力较大的利益相关方。实际上，指挥部虽然权力较大，但是仍然要向SPV方定期报备项目实施进展情况，因而SPV方才是能够真正决策影响项目实现的利益相关方，因而基于PageRank算法的研究直接表明项目实控人是SPV方，SPV方本身具有多维领导，因而其上游管理利益相关方权力远不及SPV方集中，项目指挥部项目实施作为直接控制人，是第二权力方，而设施管理单位由于跟SPV方的关系密切，其提出的意见和建议能够直接通过SPV方向下级贯彻，因而成为第三权力方。基于PageRank算法的研究更符合权力影响力的实际情况，基于度的研究更符合权力影响力直观观察结果。

4. 讨论

本书基于中国PPP项目群利益相关方特征构建了社会网络，研究结果表明特许经营公司是该工作交流合作网络的核心，也是监督关系网络的实质核心，这与彭为等基于美国高速公路PPP项目数据的研究存在一定相似性，也存在一定差异。彭为的研究表明一个项目社会影响力最大的是特许经营公司，另一个为州立机构，这与本书研究结论基本保持一致。彭为的研究认为职权影响力最大的利益相关方两个项目均是州立机构（彭为等，2017），本书认为基于度的研究中职权影响力最大的是项目指挥部，基于PageRank的研究中职权影响力最大的是项目群的特许经营公司。上述对比研究说明本项目群的参建利益相关方更为封闭。对于组织内监管孤立，目前有两种观点：一种认为项目的组织复杂性会导致项目组织内部的孤立，进而形成一个相对封闭的系统（Olsson, R., 2007）。另一种观点认为项目内部的利益相关方为保证项目内信息的不对称性，会存在信息和知识转移不完全的倾向，也会造成一个相对封闭的系统（René M等，2011）。结合前述交流合作网络，本项目群职权影响力最大的是特许经营公司和项目指挥部，该结论源于上述两种观点交互下共同作用的结果。

本书认为无论是作为监管机构的发展改革委和财政局还是作为金融机构的银行和财务公司，对项目监督关系网络的影响力均显著小于特许经营公司和项目指挥部。考虑到政府监管机构关注于项目进展和财务情况，而金融机构只关注项目的财务情况，因而通过改进项目群组织治理结构，由项目指挥部、各子项目管理方向财政局和发展改革委进行工作报备，由各子项目管理方向银行和企业财务公司进行工作报备，结果如表3.4所示。结果表明基于度的职权影响力，财政局、发展改革委、银行、企业财务公

表 3.4 监管部门和金融机构直管前后利益相关方影响力对比

利益相关方	直管前			直管后		
	基于度的职权影响力	基于度的职权被影响力	基于PageRank的职权总体影响力	基于度的职权影响力	基于度的职权被影响力	基于PageRank的职权总体影响力
特许经营公司（SPV）	0.016	0.088	0.072583	0.051	0.064	0.036604
项目指挥部	0.192	0.016	0.050529	0.154	0.026	0.026372
财政局	0.016	0.008	0.013654	0.0577	0.006	0.013592
发展改革委	0.016	0.008	0.013654	0.0577	0.006	0.013592
银行	0.016	0	0.010639	0.0513	0	0.010592
企业财务公司	0.008	0	0.010639	0.0449	0	0.010592
污水废弃管理机构	0.048	0.016	0.01371	0.0384	0.0449	0.021544
固体废弃管理机构	0.048	0.016	0.01371	0.0384	0.0449	0.021544
供水机构	0.048	0.016	0.01371	0.0384	0.0449	0.021544
供热机构	0.048	0.016	0.01371	0.0384	0.0449	0.021544
供气机构	0.048	0.016	0.01371	0.0384	0.0449	0.021544
综合管廊管理机构	0.048	0.016	0.01371	0.0384	0.0449	0.021544

司得到了较大提升，而指挥部和各子项目管理方基于度的职权被影响力有所提升。基于PageRank的职权总体影响力研究表明，在财政局、发展改革委、银行和企业财务公司影响力不变的情形下，特许经营公司和项目指挥部的影响力快速下降，而各子项目管理方的影响力有所上升，子项目管理方的影响力与特许经营公司和项目指挥部的影响力差距迅速缩小，子项目管理方对特许经营公司和项目指挥部产生重要的牵制影响。这与杨阳等（2015）基于集团化企业的研究结果一致，降低治理距离有利于对原权力部门的分权，有助于监管机构和金融机构对项目群的监控。

3.5 PPP模式特色小镇建设项目治理框架设计

基于上述研究结果，本书构建了PPP模式特色小镇建设项目治理框架，如图3.3所示。本治理框架的特色为：

第一，构建PPP模式特色小镇建设项目三层管理结构。项目领导小组与社会资本方、财政审计等监督机构属于第一层级，从决策层控制项目实施。指挥部、SPV公司和各基础设施/地块管理方属于第二层级，从管理层控制项目实施。各总包单位、各分包单位属于第三层级，从实施层控制项目实施。

第二，项目领导小组角色地位的转变。传统指挥部模式下项目领导小组既是项目的最高决策方，又是项目内外部资源的协调方。而在本书PPP模式特色小镇建设项目治理框架中，项目领导小组主要成为内外部资源的协调方，对项目只有宏观方向的把控，不涉及具体项目内容。这样充分考虑了项目领导小组成员的兼职性、公信力和职权力。项目领导小组的协商

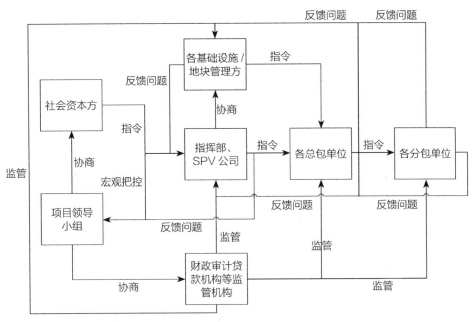

图 3.3　PPP 模式特色小镇建设项目治理框架

对象全为第一层级组织,既可以通过顶层决策行为纠正错误,实现更大幅度的纠偏,又可以在不直接接触总分包单位的基础上实现对总分包单位的控制。

第三,改变了指挥部、SPV公司与各基础设施/地块管理方的合作关系。由于项目群建设过程中,最难解决的矛盾是业主方之间的矛盾,因此削弱指挥部、SPV公司对各基础设施/地块管理方的指令关系,而采用协商方式,共同开会相互谈判,有助于消除业主方之间的误会与矛盾,减少业主方之间的冲突,促进指挥部、SPV公司和各基础设施/地块管理方之间的一致行动。

第四,双层反馈机制与单层协调机制。为了治理的实现,必须在指令的基础上,保证存在足够的反馈机制,让下层也能参与到项目决策之中。采用双层反馈机制可以保证第三层单位向第二层单位反馈的是具体问题,大部分可由第二层单位与第三层单位协商予以解决，该类问题更侧重于工程实践中的微观实施问题。对于第二层单位不能解决的问题和第二层单位本身的问题，可由第二层单位统一向项目领导小组反馈，由项目领导小组协调第一层单位和外部单位资源予以解决，该类问题更侧重于工程实践中的宏观决策问题。这种双层反馈更偏向于不同层级的组织解决不同层级的问题，也对项目领导小组通过顶层协商制订行为政策的要求更高。

第五，由于财政、审计部门只能对利用国有资金的业主方进行审计监管，使得总包单位、分包单位过往只能分别依赖业主方和总包单位进行监管，使决策层对项目的控制力降低。本书考虑将指挥部、SPV公司、各基础设施/地块管理方对总包单位和分包单位的监管职能整合，统一放在财政审计等监督机构，实现财政审计等监督机构对指挥部、SPV公司、各基础设施/地块管理方、各总包单位和各分包单位的共同监管，保证监管量度口径的统一，也保证监管的前后一致性。

3.6 结论

本书结果表明：①该PPP项目群建设阶段利益相关方的核心仍然是特许经营公司，它处于工作交流合作网络的核心地位，同时也在监督关系网络的实际控制核心。特许经营公司对项目群的领导力决定了项目群的建设和运营质量。②无论是交流合作网络，还是监督关系网络，均呈现较为明显的小世界网络特征。该PPP项目群建设阶段监管仍然符合层级式监管特征，处于监管上层的利益相关方与处于监管底层的利益相关方在不同的小世界，因而联系不密切，若监管中层和监管底层串谋，将存在蒙蔽特许经营公司和项目指挥部的可能。③该PPP项目群建设阶段政府和贷款机构对项目影响力有限，政府监管机构和贷款机构加强对子项目的监管可有效制约特许经营公司。④在上述研究基础上，本书设计了PPP模式特色小镇建设项目治理框架，有助于解决上述问题。

本书尚存在部分局限：首先，在项目实施的不同阶段，不同利益相关方之间的合作交流强度是存在差异的，但由于研究周期的限制，难以伴随项目全生命周期分阶段构建动态网络，只能以受访者认为的平均合作交流强度为标准进行研究。而分阶段动态网络研究也是下一阶段本书的重要研究方向。其次，对于项目群组织内监管孤立的形成机制和传导机制的研究，目前尚缺乏直接的论证过程，这也是下一阶段本书的重要研究方向。

未来可以进一步借助动态仿真技术和人工智能技术开展PPP项目群利益相关方社会网络动态演化研究，进一步揭示组织治理的动态演化规律。未来可以进一步针对特许经营公司开展利益相关方研究，讨论特许经营公司适应该治理地位所必须具备的核心能力、风险因素及风险化解韧性机制。同时，对于项目群治理过程，治理行为和治理结构的交互影响机制也是未来研究的重要方向（Benitez-Avila等，2019）。

3.7 研究理论意义

1）组织规模对组织管理方式的影响目前尚未有实证定量研究，本书采用案例研究，通过实证方式揭示49个利益相关方的项目群这类涵盖多项目，每个项目涵盖多利益相关方的跨项目跨组织集合采用治理研究的必要性（彭为等，2017）。基于本书的研究结果，特许经营公司作为最高中心度的利益相关方，在交流合作网络中的邻接中心度仅为0.6486，在监督关系网络中的邻接中心度仅为0.3921。由于规模太大，多项目群内本项目利益相关方与其他利益相关方之间仍存在交流和监管阻碍（Aladag等，2020），底层网络利益相关方大部分仍处于互不联系状态，其信息渠道仍然主要垄断于项目管理机构（指挥部、特许经营公司），使得信息不对称的项目群治理中，基层利益相关方行为可能出现重复劳动、不协同等现象。

2）项目群治理的复杂性不仅在于行为治理的复杂，还在于项目群独特的沟通和监管结构带来的治理复杂。项目群的独特结构决定了多利益相关方权利义务的不对等性。由于监管网络的反馈滞后性和核心利益相关方（特许经营公司）管理的长距离性，使得项目群治理更依赖于项目利益相关方的自律和自主，而非传统管理的激励和惩罚（Benitez-Avila等，2019）。

3.8 研究实践意义

1）在组建PPP项目群特许经营公司时，应当既考虑配备多技能的复合管理人才团队，多从政府投资部门、政府监管部门、社会资本、项目建设单位等吸引有一定工作经验的人才，加强自身人才多学科培训和交互。在项目实施阶段，SPV方既要与政府投资方、社会资本沟通，又要满足政府监管部门的监管需求，还要配合指挥部完成对项目主体实施的管理和子项目的管理，因而需要与上述单位或部门建立较为稳定的长期合作关系，既要有定期的沟通，又要针对特定事项进行不定期沟通，尽快推进事项的解决。同时在项目决策、冲突、利益和义务划分阶段采用层级内治理等方式，加大利益相关方内部共治的力度，减少利益相关方之间因信息不对称带来的误解和不信任。

2）特许经营公司处于项目权力的高位，但由于网络密度较低，所以与项目主体工程、子项目实际执行的利益相关方缺乏有效沟通，导致自下而上信息传递的遗漏和片面，存在面向项目实施阶段的决策出现偏差的风险。特许经营公司中与指挥部和各子项目管理公司的对接人可以经常以旁听者身份参与主体项目和子项目的推进会议，在不干预项目管理的基础上了解项目的实施情况，建立尽可能多的联系，以工作交流网络密度弥补权力网络密度较低的不足，降低决策不能实施落地的风险。

3）特许经营公司要加强与项目指挥部的协同管理工作。项目指挥部负责项目建设具体的实施和管理工作，但其只就项目总体进展情况向特许经营公司介绍，无法满足特许经营公司本身的管控需求和满足后期运营的设施管理公司需求，也无法高效理解项目领导小组的构思和战略意图。因而，需要特许经营公司多参与项目指挥部的会议，适时将特许经营公司和项目指挥部合并办公，特许经营公司自己主动与项目领导小组多沟通。

4）政府监管机构和贷款机构目前对于PPP项目群建设阶段的监管较弱。政府监管机构和金融机构不应只加强对特许经营公司的监管，而需要深入项目内部其他利益相关方如项目指挥部、各子公司管理方等，开展监管工作，才能更有效地降低特许经营公司和项目指挥部的控制力，促进多元共同治理格局的形成，也有助于政府监管机构和金融机构了解项目的实施情况，更有效地履行职责。

5）PPP项目群中的项目指挥部承担更多的监管责任，而特许经营公司承担更多现金流管理的责任，因此项目群激励过程中需要项目指挥部和特许经营公司积极协作，保证激励与事件发生的匹配。同时增加项目指挥部和特许经营公司与其他利益相关方的工作交流，增加直接激励，减少通过中介利益相关方的间接激励。

6）本书提出全过程贯通监管的双层反馈和单层协调机制，设计了特许经营公司反馈路径，由项目领导小组协调监管部门对项目全方位覆盖的方式予以解决。基于组织结构优化视角，寻找更有效的监管和控制路径。

3.9　对PPP模式下特色小镇建设项目治理的启示

基于本书的实践意义，本书认为各省特色小镇建设实践中，组织中的项目治理应当借鉴下列经验：

（1）各省特色小镇的特许经营公司不能仅由当地政府和社会资本方两方组成，而是应当由当地政府和社会资本方为主体，结合项目管理、财务管理、运维管理等多方面专业人士的综合体共同组成，面向业务分别进行对口管理。

（2）特许经营公司应当经常派驻人员进入现场，定期跟现场各利益相关方人员进行较为深入的交流。特许经营公司与现场利益相关方的沟通包括与指挥部、与各现场总包方、与各现场分包方的沟通。与指挥部的沟通侧重于基于甲方视角对项目整体的把控，与各现场总包方的沟通侧重于基于各现场实际情况的控制，与各现场分包方的沟通侧重于对现场实际情况的核实。

（3）各省特色小镇建设中采用项目指挥部模式仍然有其必要性。虽然项目指挥部与特许经营公司并存容易出现组织结构冗余、多头领导等问题，但其优势体现在：①特色小镇建设作为基础设施建设，或多或少会受到所在省市乃至各个区的决策意志影响，而通过项目领导小组直接将信息传递给指挥部可以实现扁平式管理，避免特许经营公司层级制带来的信息传递缓慢和错误等问题，实现高效传播。②特色小镇建设需要配套社会服务资源，而对社会服务资源的协调，采用指挥部向领导小组上报，领导小组协调市里或区里外部资源满足的模式更为高效，避免特许经营公司以企业名义申请的低效决策。③项目实施阶段往往需要现场发现问题、现场解决问题，采用指挥部模式的临时会议更利于应对应急问题，快速做出决策。

参考文献

[3-1] 彭为，陈建国，伍迪，等. 政府与社会资本合作项目利益相关者影响力分析——基于美国州立高速公路项目的实证研究 [J]. 管理评论，2017（5）：205-215.

[3-2] 杨阳，王凤彬，孙春艳. 集团化企业决策权配置研究——基于母子公司治理距离的视角 [J]. 中国工业经济，2015（1）：108-120.

[3-3] Shah, Sonali K. Motivation, governance, and the viability of hybrid forms in open source software development. Management Science [J]. 2006, 52（7）: 1000-1014.

[3-4] Tullio D D, Staples D S. The governance and control of open source software projects [J]. Journal of Management Information Systems，2013, 30（3）: 49-80.

[3-5] Ho S P, Lin Y H, Chu W, et al. Model for organizational governance structure choices in construction joint ventures [J]. Journal of Construction Engineering and Management，2009, 135（6）: 518-530.

[3-6] Lin Y H, Ho S P. Impacts of governance structure strategies on the performance

of construction joint ventures [J]. Journal of Construction Engineering & Management, 2013, 139 (3): 304-311.

[3-7] Chen L, Manley K. Validation of an instrument to measure governance and performance on collaborative infrastructure projects [J]. Journal of Construction Engineering and Management, 2014, 140 (5): 63-70.

[3-8] Le C, Karen M, Joanne L, et al. Procurement and governance choices for collaborative infrastructure projects [J]. Journal of Construction Engineering & Management, 2018, 144 (8): 04018071.

[3-9] Urhahn C, Spieth P. Governing the portfolio management process for product innovation—a quantitative analysis on the relationship between portfolio management governance, portfolio innovativeness, and firm performance [J]. IEEE Transactions on Engineering Management, 2014, 61 (3): 522-533.

[3-10] Rai A, Keil M, Hornyak R, et al. Hybrid relational-contractual governance for business process outsourcing [J]. Journal of Management Information Systems, 2012, 29 (2): 213-256.

[3-11] Cao L, Mohan K, Ramesh B, et al. Evolution of governance: achieving ambidexterity in it outsourcing [J]. Journal of Management Information Systems, 2013, 30 (3): 115-140.

[3-12] Thomas H, Thomas F, Jens D, et al. A process model of complementarity and substitution of contractual and relational governance in is outsourcing [J]. Journal of Management Information Systems, 2013, 30 (3): 81-114.

[3-13] Wang D, Fang S, Fu H. The effectiveness of evolutionary governance in mega construction projects: a moderated mediation model of relational contract and transaction cost [J]. Journal of Civil Engineering and Management, 2019, 25 (4): 340-352.

[3-14] Li Y, Han Y, Luo M, et al. Impact of megaproject governance on project

performance: dynamic governance of the Nanning transportation hub in China[J]. Journal of Management in Engineering, 2019, 35（3）: 05019002.1-05019002.12.

[3-15] Young R, Chen W, Quazi A, et al. The relationship between project governance mechanisms and project success: an international data set[J]. International Journal of Managing Projects in Business, 2020, 13（7）: 1496-1521.

[3-16] Turner R. How does governance influence decision making on projects and in project based organizations?[J]. Project Management Journal, 2020, 51（6）: 670-684.

[3-17] Khallaf R, Naderpajouh N, Hastak M. Modeling three-party interactional risks in the governance of public-private partnerships[J]. Journal of Management in Engineering, 2018, 34（6）: 04018040.1-04018040.14.

[3-18] Qian Q, Zhang L. Impact of regulatory focus on choice of project-governance modes: role of tolerance of opportunistic behavior[J]. Journal of Construction Engineering & Management, 2018, 144（8）: 04018070.

[3-19] Xie L, Han T, Skitmore M. Governance of relationship risks in megaprojects: a social network analysis[J]. Advances in Civil Engineering, 2019（2）: 1-13.

[3-20] Zhang S, Zhang S, Gao Y, et al. Contractual governance: effects of risk allocation on contractors' cooperative behavior in construction projects[J]. Journal of Construction Engineering and Management, 2016, 142（6）: 04016005.

[3-21] Zhang S, Chen J, Fu Y. Contract complexity and trust in construction project subcontracting[J]. Engineering Construction & Architectural Management, 2020, 27（9）: 2477-2500.

[3-22] Lin Y, Guo Y, Kim C, et al. The impact of relational governance on the adaptability of international contractors: a comparative study between China and Korea[J]. Engineering Construction & Architectural Management, 2020, 27（10）: 3235-3259.

［3-23］ Benitez-Avila C, Hartmann A, Dewulf G. Contractual and relational governance as positioned-practices in ongoing public-private partnership projects［J］. Project management journal, 2019, 50（6）: 716-733.

［3-24］ Lab H S C I, Howard M, Roehrich J K, et al. Converging and diverging governance mechanisms: the role of（dys）function in long-term inter-organizational relationships［J］. British Journal of Management, 2017, 30（3）: 624-644.

［3-25］ Leseure M. Trust in manufacturing engineering project systems: an evolutionary perspective［J］. Journal of Manufacturing Technology Management, 2015, 26（7）: 1013-1030.

［3-26］ Petra M, Bosch-Sijtsema Theo J, et al. Cooperative innovation projects: capabilities and governance mechanisms［J］. Journal of Product Innovation Management, 2009, 26（1）: 58-70.

［3-27］ Ghosh S, Amaya L, Skibniewski M J. Identifying areas of knowledge governance for successful projects［J］. Journal of Civil Engineering and Management, 2012, 18（4）: 495-504.

［3-28］ Kenny C. Publishing construction contracts to improve efficiency and governance. Proceedings of the Institution of Civil Engineers［J］. Civil engineering, 2012, 165（5）: 18-22.

［3-29］ Zerjav V, Hartmann T, Javernick-Will A. Internal governance of design and engineering: the case of the multinational firm［J］. Journal of Construction Engineering & Management, 2012, 138（1）: 135-143.

［3-30］ Manley K, Chen, L. Collaborative learning to improve the governance and performance of infrastructure projects in the construction sector［J］. Journal of Management in Engineering, 2017, 33（5）: 04017030.1-04017030.14.

［3-31］ Rezgui Y, Beach T, Rana O. A governance approach for bim management across lifecycle and supply chains using mixed-modes of information delivery［J］.

Statyba, 2013, 19 (2): 239-258.

[3-32] Alreshidi E, Mourshed M, Rezgui Y. Factors for effective bim governance [J]. Journal of Building Engineering, 2017 (10): 89-101.

[3-33] Alreshidi E, Mourshed M, Rezgui Y. Cloud-based bim governance platform requirements and specifications: software engineering approach using bpmn and uml [J]. Journal of Computing in Civil Engineering, 2016, 30 (4): 04015063.1-04015063.23.

[3-34] Cohen R, Boast T. Governance of public-private partnerships and infrastructure delivery: case of the milan, italy, metro line m4 [J]. Transportation Research Record Journal of the Transportation Research Board, 2016, 2597 (1): 37-43.

[3-35] Neto S, Cruz O, Rodrigues S, et al. PPP development and governance in latin america: analysis of brazilian state ppp units [J]. Journal of Infrastructure Systems, 2020, 26 (2): 05020003.

[3-36] Rowley T J. Moving beyond dyadic ties: a network theory of stakeholder influences [J]. The Academy of Management Review, 1997, 22 (4): 887-910.

[3-37] Knoke D, Yang S. Social network analysis [M]. SAGE Publications, Incorporated, 2019.

[3-38] Olsson R. In search of opportunity management: is the risk management process enough? [J]. International Journal of Project Management, 2007, 25 (8): 745-752.

[3-39] René M Bakker, Bart Cambré, Korlaar L, at el. Managing the project learning paradox: a set-theoretic approach toward project knowledge transfer [J]. International Journal of Project Management, 2011, 29 (5): 494-503.

[3-40] Aladag H, Isik Z. The effect of stakeholder-associated risks in mega-engineering projects: a case study of a ppp airport project [J]. IEEE Transactions on Engineering Management, 2020, 67 (1): 174-186.

第4章 基于PPP模式的特色小镇组织效能评价体系的构建及实证研究

PPP模式的组织复杂性极易造成结果的复杂性。近年来，采用项目治理方式有助于项目效能的改善已被学界研究所证明。因而构建适用于PPP模式的特色小镇基础设施建设这类复杂组织的组织效能评价体系成为亟须解决的问题。

4.1 文献综述

由第3章研究可知，特色小镇基础设施建设项目的本质是一类大型基础设施建设项目。大型基础设施项目（Major Infrastructure Project）是一类地方政府为解决所面临的国民经济、社会发展问题，旨在实现地区目标，投资额为数亿元的基础设施项目（Flyvbjerg等，2014），如政府办公大楼、市内地铁项目、市郊特色小镇项目等。特色小镇项目属于大型基础设施项目，具体表现为：①建设管理的行为方式、管理文化更强调本区域特色，社会影响主要聚集于本区域（Follmann等，2015）；②投资规模一般为数亿元到数十亿元不等，显著低于重大基础设施项目的投资规模（伍迪，2014），对本区域产生了显著的影响，但对全国范围内影响较小；③具有一定程度的项目复杂性，且以管理复杂性为主，具体表现在：地方文化与项目文化的对接和磨合，地方资源与项目资源的匹配和协同，项目参与方及其人员高更换频率带来的复杂性，存在依托本地较为复杂的隐性人际关系等（He，Q.等，2015）。特别是对于PPP项目而言，又存在多层级间接管理，使得政府、公务人员、社会资本方、社会资本方人员、SPV方、SPV方人员等多方利益共同博弈和竞合，使得PPP模式下大型基础设施建设项目更易出现非技术性窝工、怠工，投资超预算，质量不可靠等问题，因而管理更趋于复杂。

自PPP模式得到推广以来，由于其能够提升项目效率，降低政府建设和经营成本，因而越来越多的大型基础设施项目采用PPP模式，根据中国PPP服务平台的统计，截至2018年9月底，财政部PPP中心项目库中共有政府大型基础设施项目268个，总投资2596.06亿元。PPP模式下基础设施建设项目的核心在于"使用者付费"，减少政府付费和可行性缺口补助，其组织需要面临全过程集成、多利益相关方协同治理、长运营期下多风险涌现等组织复杂性问题，因而其组织效能的评价较为复杂。

截至目前，组织效能尚未有达成统一的清晰界定，对于永久性组织效能的认识可划分为两类：一类重点关注组织有效性，包括组织目标实现、组织内部流程通畅、组织内部资源转化能力和组织利益相关者满意度等四个类型指标（Gaertner等，1983；Keeley M，1984）；另一类基于多种组织特征选用不同关键指标。部分学者采用净值架构、权变视角等通过综合体系、组织特征构建效能评价模型（Kim等，1980；Rohrbaugh，Q. J.，1983）。对于临时性组织，过往对于强调客观结果的组织绩效研究偏多，而对于强调主观过程的组织效能研究偏少。由于临时性组织的复杂性和多情境性，目前效能研究也存在差异。一部分学者基于永久性组织效能评价方法，从整体角度，借助项目的复杂性等特征，构建建设项目组织效能评价模型（袁尚南等，2015；乐云等，2014；Hu Y等，2016）。该类研究虽然普适性较强，却难以满足具体情境下项目组织效能的需求。另一部分学者基于自身视角，分析了部分因素对建设项目组织效能的影响，成为对临时性组织在不同情境下组织效能研究评价维度的重要补充，如Wu等（2019）认为公共基础设施项目组织效能中公众参与度具有重要地位，Tabassi等（2019）强调了冲突管理在市政临时性项目中对效能的影响，Tang等（2013）认为PPP项目中利益相关方因素会对项目的效能产生影响。

综上所述，建设项目组织效能的研究是近十年来组织研究的重要问题，现有研究主要以建设项目组织效能研究为主，而PPP模式下和大型基础设施项目情境下的研究多以点状研究为主，视角多基于项目利益或政府利益，基于SPV方进行项目效能研究的较少，较少考虑SPV方的利益，而SPV方只有在其利益得到保证和满足的前提下才能完成工作，且SPV方又是PPP项目实质性的全流程管理组织，因而明确SPV方对项目效能的认识和利益对理解SPV方的实践行为具有重要价值。故本书在现有研究的基础上，采用特色小镇案例，基于SPV方视角开发PPP模式下大型基础设施建设项目组织效能评价体系。

4.2　特色小镇组织效能因素的识别

本书采取两阶段筛选组织效能评价的初始题项。第一阶段，通过阅读相关文献遴选组织效能指标（表4.1），共提取31个指标，如表4.3中开头为A的题项所示，并在此基础上向高校教师2人，住房和城乡建设部政府公务

基于文献遴选组织效能指标　　　　　　　　　表4.1

年份	作者	对象	指标
2019	Wu, Lufeng 等	重大基础设施项目	总成本（建设成本和社会成本）、社会效用（重大公共基础设施项目价值和社会效能价值）
2018	Robin S de Graaf等	建设工程团队	真实团队（团队成员稳定，对团队成员和非团队成员边界有清晰界定），强制性方向（团队方向和团队预期结果明确），能实现的结构（团队任务设计应当让成员认为是一个整体并且自身是一个有机组成部分。通过自身决策和判断完成任务，团队组成足够完成任务且每个成员的技能都不同，有必要的团队规则即团队可接受的和不可接受的行为），支持组织情境（组织对团队的支持），团队教练（对团队能够帮助性地提供教学的人）
2017	曾云娜	政府投资项目	组织结构、管理机制、管理人员、管理方式、管理技术、流程
2016	Hu, Yi等	重大基础设施项目	项目战略、项目领导力、项目分解工具使用情况、沟通管理、情境理解、项目治理、范围管理、组织结构矩阵、项目管理办公室、关键利益相关方合作关系、技术管理、团队建设
2015	袁尚南等	建设项目	组织目标（项目成本、项目进度、项目质量、安全生产、过程资产、人才培养、组织效率）、内部流程（流程设置有利于信息交流、流程设置有利于项目控制、流程设置稳定性高）、资源能力（项目团队资源集成能力、面对复杂环境的灵活适应能力）、组织人员（组织凝聚力、组织认同感、工作充满乐趣、工作充满热情、工作满意度）、外部利益相关者（主管单位满意度、使用单位或群众满意度、征地移民满意度）
2014	Mir, Farzana Asad等	项目	项目领导（项目领导面对各种情形的变更对项目内各个角色非常熟悉、项目领导确认项目管理系统能够支持目前与顾客和供应商的合作并保持一个共享、正常的项目文化）、项目员工（项目员工发挥最大的潜力去规划和管理工作并增加项目管理能力、项目员工通过协调获得项目管理相关绩效的程度）、项目政策和策略（如何有计划地和系统地连接战略、组织层面和技巧、项目层面等两个层面的项目管理政策和策略）、项目伙伴及资源（对所有的项目管理伙伴都是"双赢"局面、对项目管理伙伴的策略是有效的）、项目全生命周期管理进程（协调项目全生命周期管理进程）、项目KPI（项目KPI揭示的结果能够满足利益相关方的需求、项目管理系统中采用KPI方法能够改进绩效）

续表

年份	作者	对象	指标
2013	Tang, LiYaning等	PPP项目需求陈述阶段	清晰的目标、主笔的经验、清晰的终端客户、开发一个框架实现关键进程控制、足够的时间宣讲、达成共识、恰当的优先级设置、主要文件的截止时间、为改变提供足够的灵活性、做出好的决策、识别客户需求、完全理解客户需求、完整项目反馈、清楚准确陈述、客户经验、好的管理结构、客户责任的知识、项目经理技巧性的引导和建议、利益相关方保持工作会议碰头、良好的便利性、利益相关方清晰的角色、利益相关方必要的咨询、利益相关方团队的经验、平衡各个利益相关方的需求、咨询方的知识、项目法定特许经营期阶段的知识、团队承诺、忠诚、开放和信任、开放和有效的沟通、所有相关的部分达成一致、初始风险识别、特定风险评估、风险情境的量化、估计风险概率、计算风险价值、期望风险分配、政府部分和私人部分可能的风险和责任分配、风险缓解管理好的测度、计算转移的和自留的风险、实践性的预算和项目、通过资源分配经验判断过程后可准备的投标资金、引导社会经济研究、描述PPP项目怎么实现最大价值、建议性的商业安排、私人部分良好的财务状况
2012	Haponava, Tatsiana等	项目	问题定义、客户需求管理、设计方案管理、利益相关者需求排序、安排实际适合的利益相关者、设计交互影响管理、项目价值管理、控制管理、项目需求管理、管理内部外部利益相关者、时间和成本管理、质量管理、信息管理

员1人，PPP项目的SPV公司员工2人、PPP项目的社会资本方员工1人、PPP项目的全过程咨询方员工1人，共计7人访谈咨询前述31个指标是否符合区域大型基础设施建设项目组织效能指标需求，访谈专家信息见表4.2。以7人为权重，对4人以下提及的指标予以删除，并对认为可以作为相应评价指标的予以补充，共增加8个指标，如表4.3中开头为B的题项所示。

访谈程序为：首先，向被访者诠释区域大型基础设施建设组织效能的概念；然后给出31个指标的列表，让被访者基于过往工作经验判断这些指

访谈专家基本信息表　　　　表4.2

序号	访谈人员	年龄	职业	工龄
1	H先生	36	高校教师	5
2	M先生	35	高校教师（原单位参与过重大工程咨询工作）	12
3	Z1先生	51	住房和城乡建设部政府公务员	26
4	L1先生	31	PPP项目的SPV公司合约成本部员工	9
5	L2先生	33	PPP社会资本方工程师	10
6	W先生	32	PPP项目SPV公司采购负责人	10
7	W女士	28	PPP项目全过程咨询单位项目商务经理	6

遴选后的初始组织效能评价指标　　　　表4.3

序号	初始指标
A1	项目多大程度能正确满足业主方需求
A2	项目满足业主方需求的简效性（用尽可能少的设施满足尽可能多的功能需求）
A3	项目为满足业主方需求有清晰的目标和路径
A4	项目PPP模式选择是否合理
A5	项目PPP方案设计是否合理
A6	项目成本得到有效控制
A7	项目资金使用管理规范
A8	运营期间"使用者付费"能偿还项目成本的程度
A9	项目质量符合国家要求的程度
A10	项目质量日常检查情况和检查标准
A11	项目进度控制达标程度
A12	项目进度能够做到每周每月实时监控
A13	领导是否足够理解每个员工的正式角色（工作岗位）和非正式角色（私人关系网络的地位）
A14	项目领导指令的落实程度

续表

序号	初始指标
A15	面对变更,项目员工自组织解决问题的能力
A16	项目员工能够主动发现问题、解决问题
A17	项目各利益相关方保持良好的关系(冲突较少)
A18	项目各利益相关方愿意尽量配合共同高质量完成项目
A19	项目社会资本方控股的SPV公司(特殊项目公司)能够独立决策
A20	项目任务与项目角色能够匹配对应(不存在有事无人管或有事多人同时管的情形)
A21	项目组织机构能伴随项目所处阶段不同而进行调整
A22	项目规划设计阶段即考虑了建设和运营期之间的矛盾和问题,并作出必要的协调
A23	项目各利益相关方全过程(策划、建设、运营)参与项目
A24	项目SPV公司对项目全生命周期各个阶段都有较为明确的目标和路径规划
A25	项目利益相关方愿意放弃一部分自身利益保证项目全生命周期有效管理
B1	项目能够预识别未来可能发生的风险并提前做出预控制
B2	项目可行性缺口补助可随项目的实际情况进行调整
B3	项目特许经营期内,项目有获得排他性经营的实质性动态保障
B4	项目的创新程度(技术上、管理上等各个方面综合评价)
B5	项目是否能培养合适的人才
B6	项目是否能为本单位树立品牌及行业地位
B7	员工的健康、安全和工作环境有足够的保障
B8	项目利益相关方大会较为频繁并能够真实表达各利益相关方诉求
A26	项目所有者对建设阶段项目过程管理的满意度
A27	项目所有者对项目管理结果的满意度
A28	项目社会资本对建设阶段项目过程管理的满意度
A29	项目社会资本对项目管理结果的满意度
A30	社会公众对建设阶段项目过程管理的满意度
A31	社会公众对项目管理结果的满意度

标与建设组织效能的概念是否匹配；最后请被访者思考这些指标是否完全地反映了建设组织效能的概念，是否存在可补充的内容，如果有，请提出相应指标，如不能描述指标，请描述出相应的可以作为衡量标准的内容。对访谈结果，由本学院的3位高校教师进行同义删除，对描述性衡量标准进行归纳和整理，挑选出模糊的描述再次向被访者咨询和澄清，力求访谈者表述与访谈者实际表达意思一致。在此基础上，对问卷的格式、问卷的内容、问卷的易懂性、问卷的重复性、问卷的准确性进行进一步修正，修改指标至3位教师共同认可，最终确定39个指标（表4.3）。

4.3 特色小镇组织效能评价体系的构建

评价体系构建方法的遴选重在：①评价体系的科学性。即评价体系构建的过程符合科学严谨的步骤，解决科学问题。②评价指标的可操作性。评价指标要简单直接，便于获得数据。③评价对象的代表性。评价对象要能反映基于SPV方视角的PPP模式大型基础设施项目的特征。④评价主体的行为互动性。评价要考虑项目中多主体的互动性。目前多种方法都被用来构建不同情境下的评价体系，如：AHP法（杨帆等，2019）、因子分析法（周颖等，2016）、BSC法（周程明，2019）、PSR模型（陈涛等，2019）、PCA-SVM法（陈翔等，2019）等。但目前对于效能、关系等主观评价对象，为了精准显化并测度该类对象，其评价体系的构建主要以因子分析方法为主（袁尚南等，2015；Hu Y等，2016）。本书的研究对象是组织效能，因而采用因子分析法，基于样本凝练一级指标成为本书构建指标体系的关键。

4.4 数据收集

需要通过基于实践的定量研究确定PPP模式下该类基础设施项目组织效能评价的合理性,因而本书采用李克特5分量表(从1完全不合理到5完全合理)对上述结果进行进一步遴选和分类。选取浙江奉化滨海养生小镇、佳兆业深圳大运中心、河北邯郸丛台产业新城项目、河北大厂影视小镇、抚远东极小镇、嘉善大云巧克力小镇、浙江杭州西湖龙坞茶镇等7个PPP特色小镇的SPV方项目管理人员(含在SPV方和社会资本方兼职以及在SPV方和政府兼职的人员),通过现场发放纸质问卷和确定身份的前提下与网络定向发放电子问卷相结合的方式,发放问卷198份,回收问卷171份,其中有效问卷167份,问卷有效率为84.34%。

4.5 单维性和信度检验

1. 探索性因子分析

本书采用探索性因子分析进一步净化题项。首先对样本进行KMO检验和Bartlett球形检验。Bartlett球形检验的显著性指标为0.000,说明相关矩阵不可能是单位矩阵;KMO检验值为0.866,适合采用结构方程模型研究。在探索性因子分析中,采用主成分分析法抽取因子,以最大方差法进行旋转,选取特征根大于1的因子为截取因子,正交旋转7次后收敛,总方差解释率为75.738%,选取因子载荷大于0.5的因子作为有效因子,各个项目在相应因子上的载荷如表4.4所示。各因子载荷在其自身维度的载荷均大于0.5且在其他维度的载荷均不超过0.4,因而不存在因子在多

探索性因子分析结果（N=167）　　　表4.4

指标	1	2	3	4	5	6	7	8	定义维度
A1	−0.061	0.214	0.008	**0.846**	0.132	0.056	0.057	0.028	项目目标实现度
A3	−0.041	0.178	0.123	**0.886**	0.165	0.071	0.092	0.047	
A4	−0.085	0.203	0.155	**0.883**	0.151	0.104	0.062	0.045	
A5	−0.041	0.189	0.039	**0.909**	0.123	0.071	0.115	−0.016	
A6	**0.902**	0.194	0.033	−0.049	0.018	0.105	0.041	−0.048	项目"三控"效果
A7	**0.862**	0.185	−0.013	−0.019	−0.012	0.168	−0.012	0.008	
A9	**0.868**	0.103	0.056	−0.066	0.053	0.093	0.053	−0.025	
A10	**0.850**	0.062	−0.065	−0.066	0.103	0.141	0.053	−0.013	
A11	**0.846**	0.195	0.065	0.037	0.103	0.004	0.057	−0.087	
A12	**0.842**	0.133	0.049	−0.065	0.133	0.083	0.007	−0.010	
A13	0.204	0.274	0.396	−0.090	0.113	0.310	0.144	0.084	
A14	0.342	0.157	0.362	0.190	0.079	0.390	0.151	−0.045	
A15	0.089	0.033	**0.795**	0.095	0.085	0.062	0.075	−0.120	员工主动工作
A16	−0.049	−0.006	**0.829**	0.067	0.048	0.058	0.047	0.026	
A25	−0.130	−0.034	**0.867**	0.020	0.067	0.080	−0.021	0.061	
B1	0.040	−0.045	**0.801**	0.078	0.044	0.047	0.224	0.183	
A17	0.171	0.123	0.154	0.081	0.135	**0.866**	−0.020	0.039	项目人际关系
A18	0.176	0.112	0.190	0.030	0.106	**0.843**	0.028	0.014	
B8	0.101	0.067	0.023	0.118	0.179	**0.852**	−0.013	0.093	

续表

指标	1	2	3	4	5	6	7	8	定义维度
A22	0.293	0.007	0.336	0.177	−0.050	0.231	0.297	0.231	
A24	0.167	0.213	0.310	0.143	−0.109	0.364	0.331	0.316	
A8	0.080	0.160	0.090	0.079	0.040	−0.007	**0.863**	0.084	PPP项目未来运营效率
B2	0.028	0.081	0.159	0.078	0.097	−0.010	**0.922**	0.082	
B3	−0.007	0.126	0.103	0.081	0.121	0.028	**0.841**	0.031	
B4	0.091	0.149	0.040	0.068	**0.734**	0.170	0.086	0.141	项目团队未来竞争力
B5	0.048	0.150	0.004	0.104	**0.817**	0.190	0.051	0.060	
B6	0.144	0.174	0.009	0.089	**0.818**	0.046	0.054	−0.007	
B7	0.060	−0.006	0.106	0.091	**0.906**	0.052	0.047	0.041	
A2	0.030	0.034	0.192	0.226	**0.664**	−0.023	0.025	0.188	
A26	0.150	**0.780**	0.032	0.228	−0.008	0.134	−0.004	0.191	项目利益相关方满意度
A27	0.130	**0.819**	−0.014	0.194	0.073	0.100	0.037	0.093	
A28	0.112	**0.854**	0.015	0.157	0.119	0.046	0.050	0.167	
A29	0.172	**0.879**	−0.042	0.139	0.166	0.006	0.082	0.117	
A19	0.275	**0.517**	0.085	0.132	0.005	0.393	0.330	−0.026	
A20	0.235	**0.823**	0.022	0.122	0.123	0.116	0.115	0.122	
A21	0.119	**0.731**	0.096	0.051	0.124	0.044	0.231	0.126	
A23	−0.022	0.215	0.157	−0.005	0.097	0.166	0.106	**0.835**	项目参与方参与度
A30	−0.083	0.242	−0.003	0.019	0.130	0.024	0.021	**0.886**	
A31	−0.098	0.203	0.006	0.056	0.180	−0.029	0.094	**0.829**	

维度干扰的情境。

根据相关文献及因子所包含的指标，因子1被命名为项目"三控"效果，方差贡献率为26.734%；因子2被命名为项目利益相关方满意度，方差贡献率为12.573%；因子3被命名为员工主动工作，方差贡献率为9.244%；因子4被命名为项目目标实现度，方差贡献率为7.568%；因子5被命名为项目团队未来竞争力，方差贡献率为6.145%；因子6被命名为项目人际关系，方差贡献率为5.509%；因子7被命名为PPP未来运营效率，方差贡献率为4.801%；因子8被命名为项目参与方参与度，方差贡献率为3.164%。A13、A14、A22、A24等四个指标未通过大样本检验。

2. 验证性因子分析

为了验证探索性因子分析的指标及其所属维度的可适用性，故将8个可能的维度分别作为潜变量，使用M-PLUS软件进行验证性因子分析，结果及模型拟合情况如表4.5所示，因子载荷均达到0.5的验证性因子分析载荷要求，拟合指标均满足判别准则，具有良好的适配度。

3. 量表信度分析

信度主要用于描述问卷是否精确，以及量表的一致性和稳定性。本书采用两种方法检验量表信度指标：Cronbach's α系数（内部一致性信度）和CR值（组合信度），并认为α系数和CR值都大于0.6时，该维度具有内部一致性和可靠性（邱皓政，2009）。基于SPSS，对PPP模式下大型基础设施建设项目组织效能的信度进行检验，结果如表4.6所示。结果表明，组织效能及其8个维度的信度均不被拒绝，故认为本书测量项目的内部一致

表 4.5 验证性因子分析结果 （$N=167$）

一级指标	二级指标	项目目标实现度	项目"三控"效果	员工主动工作	项目人际关系	PPP未来运营效率	项目团队未来竞争力	项目利益相关方满意度	项目参与方参与度
项目目标实现度	A1	0.86**							
	A3	0.9**							
	A4	0.9**							
	A5	0.92**							
项目"三控"效果	A6		0.92**						
	A7		0.89**						
	A9		0.89**						
	A10		0.87**						
	A11		0.87**						
	A12		0.86**						
员工主动工作	A15			0.82**					
	A16			0.85**					
	A25			0.88**					
	B1			0.82**					
项目人际关系	A17				0.89**				
	A18				0.87**				
	B8				0.87**				

第4章 基于PPP模式的特色小镇组织效能评价体系的构建及实证研究

续表

一级指标	二级指标	项目目标实现度	项目"三控"效果	员工主动工作	项目人际关系	PPP未来运营效率	项目团队未来竞争力	项目利益相关方满意度	项目参与方参与度
PPP项目未来运营效率	A8					0.89**			
	B2					0.94**			
	B3					0.86**			
项目团队未来竞争力	B4						0.75**		
	B5						0.83**		
	B6						0.83**		
	B7						0.92**		
	A2						0.68**		
项目利益相关方满意度	A26							0.79**	
	A27							0.84**	
	A28							0.88**	
	A29							0.9**	
	A19							0.54*	
	A20							0.85**	
	A21							0.75**	
项目参与方参与度	A23								0.86**
	A30								0.9**
	A31								0.85**
拟合指数	χ^2/df=1.469, RMSEA=0.048, NNFI=0.91, CFI=0.92, IFI=0.92, GFI=0.90, RMR=0.045								

注：*表示5%的显著性水平，**表示1%的显著性水平。

表 4.6 信度分析（N=167）

一级指标	Cronbach's α 系数	AVE	CR	项目目标实现度	项目"三控"效果	员工主动工作	项目人际关系	PPP未来运营效率	项目团队未来竞争力	项目利益相关方满意度	项目参与方参与度
项目目标实现度	0.949	0.8015	0.9417	0.90							
项目"三控"效果	0.946	0.7807	0.9552	-0.037	0.88						
员工主动工作	0.871	0.7104	0.9074	0.184**	0.024	0.84					
项目人际关系	0.907	0.7686	0.9088	0.206**	0.300**	0.235**	0.88				
PPP未来运营效率	0.904	0.8051	0.9252	0.220**	0.107*	0.236**	0.093	0.90			
项目团队未来竞争力	0.883	0.6498	0.9018	0.317**	0.181**	0.162**	0.282**	0.186**	0.81		
项目利益相关方满意度	0.920	0.6415	0.9247	0.394**	0.378**	0.077	0.327**	0.337**	0.295**	0.80	
项目参与方参与度	0.903	0.7574	0.9035	0.153*	-0.037	0.133*	0.154**	0.199**	0.264**	0.366**	0.87
组织效能	0.909	—	—	—	—	—	—	—	—	—	—

注：1. 对角线上的数值为AVE的平方根。
2. *表示5%的显著性水平，**表示1%的显著性水平。

性较好，测量模型有较好的信度。

4. 效度检验

1）内容效度

本书按照概念可操作化界定、文献梳理、专家访谈等一系列题项生成的程序，坚持理论与实践相结合的原则，从题项的初选到多次净化，从内容上和程序上保证量表开发过程中题项分步的合理性和有效性，故认为本书的内容效度较为符合。

2）收敛效度

各个维度的因子载荷值显著大于0.5且各维度的AVE值大于0.5时，达到收敛有效性标准（Bagozzi等，1988）。在因子分析中，所有维度的AVE值均显著大于0.5的标准，故本书所开发的量表的收敛效度不被拒绝。

3）区别效度

若每个维度的平均方差提取量AVE值的平方根大于该维度与其他维度之间的相关系数，则认为两个概念之间存在着较好的区别效度（Fornell C等，1981）。由表4.6可知，所有各维度的AVE平方根均大于本维度与其他各维度的相关系数，因而本量表具有较好的区别效度。

4.6 研究结果

探索性因子分析中，A13、A14、A22、A24等四个指标未通过大样本检验，而这四个指标均来源于文献研究的结果。领导是否足够理解每个员工的正式角色（工作岗位）和非正式角色（私人关系网络的地位），项目领导指令的落实程度，都是项目领导力的具体体现（Hu Y等，2016；Mir，F. A.等2014），Bryde（2003）认为上述问题体现着项目全面质量管理的水平。实证研究表明，目前PPP模式的大型基础设施项目的全面质量管理尚有待提升，这与现有理论研究保持一致（Sinha等，2012），因而该类项目的领导力尚有提升空间。

项目规划设计阶段即考虑了建设和运营期之间的矛盾和问题，并作出必要的协调和项目SPV公司对项目全生命周期各个阶段都有较为明确的目标和路径规划，二者均是项目目标的实现程度。项目目标的实现度指标并没有全部进入量表，且项目目标的实现度的重要性只排在8个维度的中间水平，表明项目复杂性下项目目标既具有指向性，又具有不确定性，项目差异偏大。大型基础设施工程是介于普通工程与重大基础设施工程之间的一类工程，因而具有两类工程所共有的特征。因而项目目标指导项目实践，但是项目目标又是多变且随着对项目认识的加深而改变的（Flyvbjerg B等，2003），因而项目目标的实现度肯定列入效能评价的范围，但由于SPV方员工面临的项目具体情境不同，面临的项目所处阶段也有所差异，因而对目标实现的界定尚存在差异，项目目标的实现度虽然可作为测度组织效能的重要维度，但不完全得以体现。

SPV方认为大型基础设施建设项目中，进度、成本和质量的控制仍然是其最主要关注的因素。这与袁尚南等人（2015）基于建设项目的组织效能研究具有高度的契合度，建设项目管理的产出目标仍然是影响建设项目组织有效性的重要因素。Wu等人（2019）认为成本能否得以控制直接影响着项目成功与否，也反映了项目管理的有效性，因而从成本的角度论证了成本在效能中产生的作用。

SPV方认为项目组织效能同样取决于PPP模式下各方是否能够真正满意当下的状态。建设项目员工工作冲突、家庭工作冲突等不满意因素会造成员工工作效率低下，建设项目员工工程满意对工作绩效的影响已经被过往研究所证实（Wu等，2018；Ling等，2013）。对SPV公司的调研证明了上述结论，工作任务须与工作角色匹配，并能够不断动态调整，对组织动态管理提出较高要求。此外，对于项目所有者、项目社会资本方以及项目SPV方而言，各有所需，如果不能让各方均满意，项目组织效能也无法得到有效保证。

SPV方认为项目组织效能中包含了员工主动工作、乐于奉献的行为带来的积极效果。一般认为员工主动工作属于组织公民行为的范畴（Podsakoff等，1997），组织公民行为对组织效能有积极影响早已被Organ（1988）证实。近年来的研究也表明项目公民行为对项目效能产生了积极作用（陈震等，2016；Yang等，2018），因而SPV方能认可员工主动工作为组织效能带来的价值。

PPP模式运营阶段效率同样显著体现在建设项目组织效能之中。伍迪、王守清等（2014）将PPP划分为立项、合同、实施三个阶段，PPP项目通过引入社会资本集成多个阶段，增加了社会资本参与项目的深度和周期。SPV方在建设阶段已经充分认识到"使用者付费"、可行性缺口补助和排他性经营的重要性，并将其作为PPP项目效能实现的重要条件。

正在实施的项目对参与方的人的能力的提升也是项目组织效能的重要组成部分。研究结果表明SPV方认为参与项目对参与人能力的提升（Mir等，2014）、对员工健康安全的保护（Lingard H等，2018；B, M. D. 等，2017）、对企业品牌价值的提升（Fang S和Chen H K，2016）、对企业创新的提升（Fang S和Chen H K，2016）(Tatum，C. B.，2018），分别从企业和个人角度增强了完成该类项目的持续经营能力。

　　本书基于SPV方视角，采用定性与定量相结合的方法，构建了PPP模式下大型基础设施建设项目组织效能评价体系。研究结果表明，SPV方在建设阶段项目管理中的进度、成本和质量仍然是目前测度效能最主要的指标。对效能的研究中，人的意识和行为产生的影响也占有重要地位，PPP各利益相关方的自身满意、主动工作和人际关系等人的因素对组织效能的实现至关重要。SPV方对于实践中的独立决策、排他性运营以及可行性缺口补助的落实程度仍存有疑虑，将其列入了组织效能的特征。

　　尽管本书得到了PPP模式下大型基础设施建设项目组织效能评价体系，但仍然有一些问题需要未来进一步完善。例如，目前选用的大型基础设施建设项目整体偏少，本书所有问卷集中于7个特色小镇项目之中，可能出现样本数据的趋同，需要在以后的研究中不断地修正。对于项目利益相关方的关系，还可以基于治理理论进一步讨论SPV方为核心的水平治理和垂直治理体系，这些都是未来研究的方向。

4.7　对PPP模式下特色小镇组织效能评价的启示

　　PPP模式下特色小镇的组织效能评价由于涉及利益相关方多、组织实现目标持续周期长、组织运营风险大、组织结构需要不断调整、组织成员需要适应性调整等问题，使得评价体系的确定较为困难。本书将PPP模式下特色小镇组织效能分为项目目标实现度、项目"三控"效果、员工主动工作、项目人际关系、PPP项目未来运营效率、项目团队未来竞争力、项目利益相关方满意度、项目参与方参与度等几个维度共同评价组织效能。

组织效能实现可借鉴的经验体现在：

（1）项目的完成度是组织效能实现的基础。虽然项目保持高效完成不能一定证明特色小镇建设项目组织效能较好，但是低效的项目完成度一定说明该组织效能实现存在问题，无论是从实现目标、实现路径还是实现方法上。因此，优秀的组织在目标制订和过程控制中，必须将组织目标与项目目标时时刻刻相结合，保证组织的奖励和项目目标完成之间存在正相关关系，组织的惩罚和项目目标完成之间存在负相关关系，避免组织任务与项目"脱节""两张皮"等现象的发生。

（2）重视项目员工的主观能动性，重视项目中的"非正式"关系。同样的工作任务，同样的人完成，不同的动机下完成的结果可能大相径庭。因此，实现项目员工的精细化管理，了解每一个项目员工的真实需求，为每一个项目员工定制相应的奖惩措施，将项目员工的目标与项目目标相结合，增强员工的自我实现价值，避免员工产生为了拿工资不得不工作的心态。

在项目正视上下级关系的基础上，还要了解项目员工的私人关系以及以私人关系为基础的"非正式"关系网络。确定跨部门、跨利益相关方的隐性关系，为降低工作中的办事壁垒提供便利。确定项目员工的精神领袖，通过对精神领袖的引导和合作，实现对项目员工的实际高效管理。

（3）项目组织建设不仅要考虑现有任务的完成情况，还要考虑组织团队未来的发展潜力。该部分可以从两个角度加以理解。首先，从个体角度而言，切实理解员工的需求，不断给予员工更大的挑战，尊重员工自我实现的愿望。因人设岗，根据员工特长结合员工意愿，确定员工完成PPP项目建设之后的未来发展方向，是去往新的PPP项目还是参与本PPP项目的运营工作。有岗位上升空间，让员工有未来可以憧憬。其次，从团队角度而言，需要加强项目管理的知识管理，特别是对于实践"隐性"知识的管理。通过项目内部经验分享与著作撰写相结合，加强对项目员工"隐性"经验的获取，并通过模式、方法等方式进行普适性凝练，方便指导后续新员工上手完成工作。不断增加项目组织团队的知识和认识，实现项目团队的成长。需要加强团队内部的协作和配合，让跨利益相关方合作能够达到"心有灵犀"的程度，相互理解对方的工作意图。加强对项目团队核心成员的黏性，增加项目团队核心成员的离职成本，保证项目团队完整有效运行。

（4）项目组织从决策到落实都不适合"一言堂"，多方参与、多方互动才能促进项目组织更有效运作。首先，项目的实现需要多方的配合，只有各方的利益都能满足、各方的责任都能落实才能有效实现目标。其次，各方所处地位不同，所看到的项目也存在差异，从不同视角去看项目有助于更好地理解项目本身和项目各参与方的特点。最后，由于项目复杂性，很多时候基于应急需要执行人当机立断解决问题而非层层汇报由业主做决策，而多方共同治理有助于执行人与业主统一项目价值，执行人增强主人翁意识，有助于做出更有利于项目的决策。

参考文献

[4-1] 袁尚南，强茂山，温祺，等. 基于模糊层次分析法的建设项目组织效能评价模型[J]. 清华大学学报（自然科学版），2015, 55（6）: 616-623.

[4-2] 乐云，苏月，江敏. 以信任为中介的建设项目组织文化与组织效能的影响机制研究[J]. 工程管理学报，2014, 28（5）: 143-147.

［4-3］杨帆，曹艳春，刘玲. 我国老年长期护理服务质量评价指标体系构建与评估——基于ahp方法对顾客感知服务质量模型的修正［J］. 社会保障研究，2019（4）：78-86.

［4-4］周颖，王洪志，迟国泰. 基于因子分析的绿色产业评价指标体系构建模型及实证［J］. 系统管理学报，2016，25（2）：338-352.

［4-5］周程明. 基于BSC法的城市旅游发展质量评价指标体系构建与实证研究——以广东省21地市为例［J］. 西南师范大学学报（自然科学版），2019，44（6）：69-74.

［4-6］陈涛，王长通. 大气环境绩效审计评价指标体系构建研究——基于PSR模型［J］. 会计之友，2019（15）：128-134.

［4-7］陈翔，肖序. 企业循环经济评价指标体系构建与精度测算［J］. 统计与决策，2019，35（12）：169-172.

［4-8］左静，王德才，冯俊文. 伙伴关系视角下的和谐劳动关系评价指标体系构建——以建立工会的企业为例［J］. 经济管理，2018，40（4）：5-19.

［4-9］孙浩，徐文宇. 社会组织承接公共服务效能评价指标体系的构建［J］. 统计与决策，2017（10）：75-77.

［4-10］邱皓政. 结构方程模型的原理与应用［M］. 北京：中国轻工业出版社，2009.

［4-11］陈震，何清华，李永奎，等. 中国大型公共项目公民行为界定及量表开发［J］. 华东经济管理，2016，30（2）：107-113.

［4-12］伍迪，王守清. PPP模式在中国的研究发展与趋势［J］. 工程管理学报，2014，28（6）：75-80.

［4-13］昝国江，安树伟，王瑞娟. 重大工程项目的区域品牌与经济发展［J］. 经济纵横，2007（2）：38-40.

［4-14］曾云娜. 政府投资建设项目实施效能提升的行政策略研究［D］. 深圳：深圳大学，2017.

［4-15］Flyvbjerg, Bent.What you should know about megaprojects and why: an overview

[J]. Project management journal, 2014, 45 (2): 6-19.

[4-16] Follmann, Alexander. Urban mega-projects for a "world-class" riverfront the interplay of informality, flexibility and exceptionality along the yamuna in delhi, india [J]. Habitat International, 2015 (45): 213-222.

[4-17] He Q, Luo L, Hu Y, et al. Measuring the complexity of mega construction projects in china—a fuzzy analytic network process analysis [J]. International Journal of Project Management, 2015, 33 (3): 549-563.

[4-18] Gaertner, H, Ramnaravan S. Organizational effectiveness: an alternative perspective [J]. Academy of Management Review, 1983, 8 (1): 97-107.

[4-19] Keeley M. Impartiality and Participant-Interest Theories of Organizational Effectiveness [J]. Administrative Science Quarterly, 1984, 29 (1): 1-25.

[4-20] Kim, Cameron. Critical questions in assessing organizational effectiveness [J]. Organizational Dynamics, 1980, 9 (2): 66-80.

[4-21] Rohrbaugh J. A spatial model of effectiveness criteria: towards a competing values approach to organizational analysis [J]. Management Science, 1983, 29 (3): 363-377.

[4-22] Hu Y, Chan A P C, Le Y. Developing a Program Organization Performance Index for Delivering Construction Megaprojects in China: Fuzzy Synthetic Evaluation Analysis [J]. Journal of Management in Engineering, 2016, 32 (4): 5016007.

[4-23] Wu L, Jia G, Mackhaphonh N. Case study on improving the effectiveness of public participation in public infrastructure megaprojects [J]. Journal of Construction Engineering and Management, 2019, 145 (4): 05019003.1-05019003.9.

[4-24] Tabassi A A, Abdullah A, Bryde D J. Conflict management, team coordination, and performance within multicultural temporary projects: evidence from the construction industry [J]. Project Management Journal, 2019, 50 (1): 101-114.

[4-25] Tang L Y, Shen Q. Factors affecting effectiveness and efficiency of analyzing

stakeholders' needs at the briefing stage of public private partnership projects [J]. International Journal of Project Management, 2013, 31 (4): 513-521.

[4-26] Bagozzi R P, Yi Y. On the evaluation of structural equation models [J]. Journal of the Academy of Marketing Science, 1988, 16 (1): 74-94.

[4-27] Fornell C, David L. Evaluating Structural Equation Models with Unobservable Variables and Measurement Error [Z]. 1981: 18, 39-50.

[4-28] Mir A, Pinnington H. Exploring the value of project management: linking project management performance and project success [J]. International Journal of Project Management, 2014, 32 (2): 202-217.

[4-29] Bryde, James D. Modelling project management performance [J]. International Journal of Quality & Reliability Management, 2003, 20 (2): 229-254.

[4-30] Sinha M, Harrington J, Voehl F, et al. Applying tqm to the construction industry [J]. Tqm Journal, 2012, 24 (4): 352-362.

[4-31] Wu G, Wu Y, Li H, et al. Job burnout, work-family conflict and project performance for construction professionals: the moderating role of organizational support [J]. International Journal of Environmental Research and Public Health, 2018, 15 (12): 2869.

[4-32] Ling Y, Loo C. Characteristics of jobs and jobholders that affect job satisfaction and work performance of project managers [J]. Journal of Management in Engineering, 2013, 31 (3): 04014039.

[4-33] Podsakoff P M, Ahearne M, Mackenzie S B. Organizational citizenship behavior and the quantity and quality of work group performance [J]. Journal of Applied Psychology, 1997, 82 (2): 262-270.

[4-34] Organ W. Organizational citizenship behavior: The good soldier syndrome [M]. Lexington Books/DC Heath and Com, 1988.

[4-35] Yang D, He Q, Cui Q, et al. Organizational citizenship behavior in construction

megaprojects [J]. Journal of Management in Engineering, 2018, 34 (4): 04018017.

[4-36] Wang G, He Q, Xia B, et al. Impact of institutional pressures on organizational citizenship behaviors for the environment: evidence from megaprojects [J]. Journal of Management in Engineering, 2018, 34 (5): 04018028.1-04018028.11.

[4-37] Flyvbjerg B, Bruzelius N, Rothengatter W. Megaprojects and risk: An anatomy of ambition [M]. Cambridge University Press, 2003.

[4-38] Lingard H, Blismas N, Harley J. Making the invisible visible: Stimulating work health and safety-relevant thinking through the use of infographics in construction design [J]. Engineering, Construction and Architectural Management, 2018, 25 (1): 39-61.

[4-39] Yan L, Zhang L, Liang W, et al. Key factors identification and dynamic fuzzy assessment of health, safety and environment performance in petroleum enterprises [J]. Safety Science, 2017 (94): 77-84.

[4-40] Fang S C, Chen H K. Strategic intent, organizational environment, and organizational learning mechanisms: a multiple-case study in the construction industry in Taiwan [J]. Personnel Review, 2016, 45 (5): 928-946.

[4-41] Tatum C B. Construction engineering research: integration and innovation [J]. Journal of Construction Engineering and Management, 2018, 144 (3): 04018005.1-04018005.9.

[4-42] Tang L, Shen Q, Skitmore M, et al. Ranked critical factors in PPP briefings [J]. Journal of Management in Engineering, 2013, 29 (2): 164-171.

[4-43] Al-Jibouri, S. Proposed system for measuring project performance using process-based key performance indicators [J]. Journal of Management in Engineering, 2011, 28 (2): 140-149.

第 5 章　基于 PPP 模式的特色小镇可持续性评价
——以文旅小镇为例

可持续性评价是特色小镇效能评价的延续，是对特色小镇未来长期持续运营情况的总结。PPP模式特色小镇可持续性评价不仅需要考虑运营等因素，也需要考虑特色小镇所处环境、社会等指标，因而亦为特色小镇可持续性的综合评价体系。

5.1　文献综述

特色小镇是一种集特色产业的创新、生产、销售、服务于一体的新兴产业空间组织形式（盛世豪等，2016）。特色小镇的特色差异也决定了特色小镇的组织特征和发展路径的不同（李集生等，2018）。文旅型特色小镇作为一种文旅产业聚集模式，其显著特征在于：①对外部环境依赖性强。文旅型小镇对外部自然环境和人文环境极度依赖，良好的外部自然环境和独特的人文环境是文旅型小镇的核心竞争力。因而对于文旅型小镇的环保要求显著高于其他类型特色小镇。②创新能力偏弱。文旅型小镇强调一次性体验，因而对于知识量的需求及知识的更新速度要求低，对工作人员的文化知识和素质能力要求较低，新文创产品和新景点开发速度较慢。③交通便利度要求较高。由于文旅型小镇创新能力偏弱，因而需要通过流量保证其销售能力，因而所有文旅型小镇都必须有足够的交通运载能力。

文旅型小镇面临三方面的可持续性挑战：①持续的商业开发与自然环境保护之间存在天然的矛盾，如何做好长期的自然环境保护工作；②文旅型小镇创新能力较低（刘家明，2018），如何拓展客户来源并增加文旅的客户黏性，保证文旅型小镇长期有客源、有盈利；③如何在自然环境和人文既定的前提下，增加文旅型小镇的创新能力。故文旅型小镇可持续性目标与其他类型的特色小镇存在显著差异，因而其评价标准亦存在不同，构建合理的文旅型小镇可持续性评价指标体系有利于引导文旅型小镇可持续发展。目前对于特色小镇可持续性的现有研究较为宏观，没有区分出不同类型小镇的具体特色，可操作性一般，有的不能反映我国特色小镇的特征，有的与城市可持续性评价指标类似程度过高（李集生，2018；张帆，2018；朱宏炜，2018）。

5.2 特色小镇可持续性发展因素的识别

特色小镇可持续性因素的识别，本书采用的是在文献研究和访谈调研的基础上构建初始识别因素。文献研究是参考所有城镇可持续性研究的文献形成的，这种指标虽然具有普适性，但对于中国特色小镇情境是否适合仍然难以确定。因此，本书采用面向特色小镇专家（特色小镇运营方中高级管理人员和大学研究人员）的访谈和面向特色小镇普通参与者（特色小镇运营方基层管理人员）发放问卷的方式进一步确认初始因素对特色小镇特定情境的适应性，进一步遴选出不适合特色小镇的指标，进而形成最终可持续性因素列表。

1. 初始因素的确定

通过文献研究法，在收集整理已有城市可持续发展指标和特色小镇可持续发展指标的基础上，共提取33个指标，通过访谈向上海新场古镇运营管理参与方、浙江莪山畲族乡西金坞民族小镇运营管理参与方、北京古北水镇运营管理参与方、北京雁栖湖运营管理参与方等管理人员共4人，同济大学从事特色小镇研究科研人员1人以及北京建筑大学从事特色小镇研究科研人员2人，询问前述33个指标是否符合特色小镇可持续发展指标需求，以7人为权重，对4人以下提及的指标予以删除，并对其认为可以作为特色小镇可持续发展评价指标的予以补充，无删除指标，共增添6个特有指标。其中，"小镇文化产品销售量与生产量之比""小镇客流量"用以表征文旅产业的繁荣程度，"近三年新增固定资产和固定资产更新占全部固定资产的平均比例"用以表征文旅产业的更新程度，进而表征文旅产业的创新能力，用"小镇景区等级"表征小镇的知名度和管理能力，用"小镇文旅风格的一致性"表征小镇文旅建设主题的和谐性，用"小镇景区通过数字手段可查询性"表征小镇信息化管控能力。形成指标体系如表5.1所示。

访谈程序如下：首先，向被访者解释城镇可持续性的概念并介绍本书研究对象（文旅型小镇）；然后，给出根据现有文献凝练的33个指标的列表，请被访者参与讨论，请他们判断其参与过的文旅型小镇中是否有可持续性评价，如何进行评价，如果没有，根据他们的理

文旅型小镇可持续性评价初始指标　　　表5.1

序号	初始指标
1	小镇人均GDP（张帆，2018；Tan Y，2018）
2	小镇近三年GDP平均增长速度（张帆，2018；SUN C，2018）
3	小镇文旅产业投资占比
4	小镇文旅产业产值占比
5	小镇文旅产业在本地区的集聚度（Li C，2017）
6	企业主导投资占总投资比例（李集生等，2018）
7	基于全寿命周期制订可研和方案（Dawodu A等，2018）
8	小镇文化产品销售量与生产量之比
9	小镇客流量
10	近三年新增固定资产和固定资产更新占全部固定资产的平均比例
11	小镇景区等级
12	提供就业机会（张帆，2018）
13	接受过高等教育的人才比例（Tan Y等，2018）
14	中高级职称人才比例（朱宏炜，2018）
15	道路总里程（Tan Y等，2018；Li C，2017）
16	公交系统完备度（Tan Y等，2018；Li C，2017）
17	是否有公共自行车供使用（Ameen等，2019）
18	本地特色文化展示区数量（包括商业和非商业）（Ameen等，2019）
19	小镇文旅业态的多样性（Ayotunde等，2018）
20	小镇文旅风格的一致性
21	小镇规划GIS模型达成度和小镇建筑BIM模型达成度（Ameen等，2019）
22	小镇是否存在利益相关方大会，大会参与方广度和讨论内容深度（Ameen等，2019）
23	小镇景区通过数字手段可查询性
24	小镇是否设计安全预警方案及应对哪些应急情形安全预警（Ameen等，2019）
25	小镇是否有应急疏散场所（Ameen等，2019）

续表

序号	初始指标
26	小镇有足够的警力（Dawodu A等，2018）
27	小镇光污染程度（Ameen等，2019）
28	小镇噪声达标率（Li C,2017；Ameen等，2019）
29	小镇绿化率（Li C，2017）
30	小镇雨水回收程度（Dawodu A等，2018）
31	小镇垃圾分类程度（Yan Y等，2018）
32	小镇空气达标率（Kawakubo S等，2018）
33	PM2.5的年平均浓度（Yan等，2018）
34	小镇污水处理占全部污水的比例（Tan Y等，2018）
35	小镇使用节能设备的程度（Hatefi S M等，2018）
36	有足够的动植物保护标识（Hatefi S M等，2018）
37	无可见的污染设施（如烟囱等）（Hatefi S M等，2018）
38	使用风能、太阳能等清洁能源占所有使用能源的比例（Kawakubo S等，2018；Hatefi S M等，2018）
39	有专门针对环境保护的规定（Hatefi S M等，2018）

解，结合给出的表格，请他们提出这些指标是否适合可持续性评价，如果有缺失，请他们予以补充。经过同义删除，对访谈者所描述情形的进一步总结和归纳，对不清楚的描述再次向被访者询问并澄清，力求访谈的结果不出现歧义，最终添加6个指标。最后，在北京建筑大学挑选三位有特色小镇科研服务项目参与经验的老师，就评价指标的格式、评价指标的内容、评价指标的易懂性、评价指标的重复性、评价指标的准确性进行进一步修改，修改至三位老师认为可以获得一致理解。

2. 数据收集

需要通过工程实践人员确定该文旅型小镇可持续性评价指标的合理性，因而本书采用李克特5分量表（从1完全不合理到5完全合理）对上述结果进行进一步遴选和分类。选取上海新场古镇、上海枫泾古镇、北京怀柔雁栖镇、浙江普陀沈家门小镇、浙江普陀朱家尖小镇、河北易县太行水镇、河北滦州古城小镇、河北任丘白洋淀水乡风情小镇等8个小镇的运营管理方、运营利益相关方，通过现场发放纸质问卷与确定身份前提下网络定向发放电子问卷相结合的方式，发放问卷168份，回收问卷148份，其中有效问卷146份，问卷有效率为86.90%。

3. 因素筛选与识别

本书运用探索性因子分析进一步净化题项。首先对样本进行KMO检验和Bartlett球形检验。Bartlett球形检验显著性水平为0.000，证明相关矩阵拒绝是单位矩阵的假设；KMO=0.811，说明采用结构方程模型效果较好。在探索性因子分析中，采用主成分分析法抽取因子，以最大方差法进行旋转，正交旋转11次后收敛，总方差解释率为59.79%，选取因子载荷大于0.5的因子作为有效因子，各个指标的探索性因子分析如表5.2所示。

探索性因子分析结果（N=146）　　　　表 5.2

序号	指标	因子1	因子2	因子3	指标是否保留
1	小镇人均GDP（张帆，2018；Tan等，2018）	0.229	0.622	0.043	是
2	小镇近三年GDP平均增长速度（张帆，2018；SUN C，2018）	0.198	0.639	0.058	是

续表

序号	指标	因子1	因子2	因子3	指标是否保留
3	小镇文旅产业投资占比	0.274	0.737	0.054	是
4	小镇文旅产业产值占比	0.330	0.698	0.067	是
5	小镇文旅产业在本地区的集聚度（Li C，2017）	0.318	0.597	−0.073	是
6	企业主导投资占总投资比例（李集生等，2018）	0.119	0.611	−0.103	是
7	基于全寿命周期制订可研和方案（Dawodu A等，2018）	0.112	0.740	0.092	是
8	小镇文化产品销售量与生产量之比	0.270	0.654	0.103	是
9	小镇客流量	0.300	0.621	0.089	是
10	近三年新增固定资产和固定资产更新占全部固定资产的平均比例	0.239	0.503	−0.083	是
11	小镇景区等级	0.680	−0.140	0.157	是
12	提供就业机会（张帆，2018）	0.628	−0.179	−0.007	是
13	接受过高等教育的人才比例（Tan Y等，2018）	0.652	−0.299	0.131	是
14	中高级职称人才比例（朱宏炜，2018）	0.623	−0.239	0.109	是
15	道路总里程（Tan等，2018；Li C等，2017）	0.592	−0.295	0.138	是
16	公交系统完备度（Tan Y等，2018；Li C，2017）	0.499	−0.253	0.162	是
17	是否有公共自行车供使用（Ameen等，2019）	0.504	−0.232	0.112	是
18	本地特色文化展示区数量（包括商业和非商业）（Ameen等，2019）	0.685	−0.159	−0.095	是
19	小镇文旅业态的多样性（Ameen等，2019）	0.718	−0.295	−0.156	是
20	小镇文旅风格的一致性	0.629	−0.306	−0.018	是
21	小镇规划GIS模型达成度和小镇建筑BIM模型达成度（Ameen等，2019）	0.674	−0.266	0.198	是
22	小镇是否存在利益相关方大会，大会参与方广度和讨论内容深度（Ameen等，2019）	0.645	−0.302	0.285	是
23	小镇景区通过数字手段可查询性	0.362	−0.293	0.278	否

续表

序号	指标	因子1	因子2	因子3	指标是否保留
24	小镇是否设计安全预警方案及应对哪些应急情形安全预警（Ameen等，2019）	0.745	−0.228	−0.039	是
25	小镇是否有应急疏散场所（Ameen等，2019）	0.713	−0.232	0.058	是
26	小镇有足够的警力（Dawodu A等，2018）	0.387	−0.292	0.047	否
27	小镇光污染程度（Ameen等，2019）	−0.102	0.081	0.573	是
28	小镇噪声达标率（Li C等，2017；Ameen等，2019）	−0.274	0.080	0.519	是
29	小镇绿化率（Li C等，2017）	−0.295	0.131	0.658	是
30	小镇雨水回收程度（Dawodu A等，2018）	−0.288	0.069	0.644	是
31	小镇垃圾分类程度（Yan等，2018）	−0.278	0.126	0.857	是
32	小镇空气达标率（Li C等，2017）	−0.233	0.157	0.705	是
33	PM2.5的年平均浓度（Kawakubo等，2017）	−0.281	0.079	0.718	是
34	小镇污水处理占全部污水的比例（Tan Y等，2018）	−0.210	0.066	0.493	是
35	小镇使用节能设备的程度（Hatefi S M等，2018）	−0.260	0.054	0.594	是
36	有足够的动植物保护标识（Hatefi S M等，2018）	−0.432	0.020	0.337	否
37	无可见的污染设施（如烟囱等）（Hatefi S M等，2018）	−0.150	−0.032	0.644	是
38	使用风能、太阳能等清洁能源占所有使用能源的比例（Kawakubo S等，2018；Hatefi S M等，2018）	−0.327	0.091	0.669	是
39	有专门针对环境保护的规定（Hatefi S M等，2018）	−0.271	0.111	0.692	是

研究结果表明，"小镇景区通过数字手段可查询性""小镇有足够的警力""有足够的动植物保护标识"等3个指标的因子载荷较低，同时，"有

足够的动植物保护标识"还涉及因子1和因子3有一定多重共线,但因子载荷均不足够高,因而将上述3个指标予以剔除。"公交系统完备度""小镇污水处理占全部污水的比例"两个指标的因子载荷分别为0.499和0.493,虽然不满足条件,但其与0.5的标准差距很小,结合其理论意义和实践意义,对上述两个指标予以保留。

根据相关文献及因子所包括的指标,因子1被命名为社会,方差贡献率为27.73%;因子2被命名为经济,方差贡献率为16.95%;因子3被命名为环境,方差贡献率为15.11%。

5.3 特色小镇可持续性评价体系的构建和讨论

为了对上述指标进一步构建可持续性评价体系,本书采用验证性因子分析的方法进一步凝练维度,形成一级指标。为保证指标体系的有效性,本书通过内容效度、收敛效度、区别效度进一步验证。在此基础上,论述本研究形成的可持续性评价体系与现有研究的差别、特征及成因。

1. 评价体系维度的构建

为了验证文旅型小镇可持续性评价指标体系的可适用性,故将经济、社会、环境三个潜变量分别作为一级指标,采用lisrel8.8软件进行验证性因子分析,通过验证指标数据的同向性确定一级指标,结果如表5.3所示:因子载荷均达到0.4的验证性因子分析载荷要求,拟合指标均满足判别准则,具有较好的适配度。

验证性因子分析结果（N=146） 表5.3

一级指标	二级指标	经济	社会	环境
经济	小镇人均GDP（张帆，2018；Tan等，2018）	0.59**		
	小镇近三年GDP平均增长速度（张帆，2018；Sun等，2018）	0.61**		
	小镇文旅产业投资占比	0.70**		
	小镇文旅产业产值占比	0.65**		
	小镇文旅产业在本地区的集聚度（Li C等，2017）	0.55**		
	企业主导投资占总投资比例（李集生等，2018）	0.57**		
	基于全寿命周期制订可研和方案（Ayotunde等，2018）	0.71**		
	小镇文化产品销售量与生产量之比	0.61**		
	小镇客流量	0.58**		
	近三年新增固定资产和固定资产更新占全部固定资产的平均比例	0.46*		
社会	小镇景区等级		0.67**	
	提供就业机会（张帆，2018）		0.62**	
	接受过高等教育的人才比例（Tan等，2018）		0.63**	
	中高级职称人才比例（朱宏炜，2018）		0.60**	
	道路总里程（Tan等，2018；Li C等，2017）		0.57**	
	公交系统完备度（Tan等，2018；Li C等，2017）		0.45*	
	是否有公共自行车供使用（Ameen等，2019）		0.46*	
	本地特色文化展示区数量（包括商业和非商业）（Ameen等，2019）		0.68**	
	小镇文旅业态的多样性（Ameen等，2019）		0.70**	
	小镇文旅风格的一致性		0.62**	
	小镇规划GIS模型达成度和小镇建筑BIM模型达成度（Ameen等，2019）		0.63**	

续表

一级指标	二级指标	经济	社会	环境
社会	小镇是否存在利益相关方大会，大会参与方广度和讨论内容深度（Ameen等，2019）		0.61**	
	小镇是否设计安全预警方案及应对哪些应急情形安全预警（Ameen等，2019）		0.71**	
	小镇是否有应急疏散场所（Ameen等，2019）		0.68**	
环境	小镇光污染程度（Ameen等，2019）			0.58**
	小镇噪声达标率（Li C等，2017，Ameen等，2019）			0.55**
	小镇绿化率（Li C等，2017）			0.66**
	小镇雨水回收程度（Ayotunde等，2018）			0.62**
	小镇垃圾分类程度（Yan等，2018）			0.84**
	小镇空气达标率（Li C等，2017）			0.69**
	PM2.5的年平均浓度（Kawakubo等，2017）			0.72**
	小镇污水处理占全部污水的比例（Tan等，2018）			0.50*
	小镇使用节能设备的程度（Hatefi S M等，2018）			0.58**
	无可见的污染设施（如烟囱等）（Hatefi S M等，2018）			0.66**
	使用风能、太阳能等清洁能源占所有使用能源的比例（Kawakubo等，2017）（Hatefi S M等，2018）			0.68**
	有专门针对环境保护的规定（Hatefi S M等，2018）			0.67**
拟合指数	RMSEA=0.049，NNFI=0.91，CFI=0.90，IFI=0.91，GFI=0.90，RMR=0.045			

注：*表示5%的显著性水平，**表示1%的显著性水平。

2. 效度检验

1）内容效度检验

本书按照概念可操作化界定、文献梳理、专家咨询及访谈的项目生成程序，坚持理论与实践结合的原则，从题项的初选，到对题项进行多次净化，从内容上和程序上均保证了量表开发过程中题项分部的合理性和有效性，故认为本书的内容效度较好。

2）收敛效度检验

根据邱皓政等（2009）研究成果，认为各个维度下的因子荷载值显著大于0.5时且各维度的AVE值大于0.4时，则达到收敛有效性标准。本书中由于每个一级指标所包括的二级指标均超过了10个，且经济和社会的AVE偏差不超过10%，所以可近似认为经济、社会两个指标基本符合收敛有效性要求。

3）区别效度检验

根据Fornell等（1981）提出的区别效度判别原则，若每个维度的平均方差提取量AVE值的平方根大于该维度与其他维度之间的相关系数，则认为两个概念之间存在着较好的区别效度。由表5.4可知，经济、社会、环境等三个一级指标之间的AVE平方根均大于本维度与其他各维度的相关系数，因而本评价体系具有较好的区别效度。

信度分析（N=346）　　　　　　　　表5.4

一级指标	Cronbach α 系数	AVE	CR	经济	社会	环境
经济	0.929	0.3684	0.852	0.607	—	—
社会	0.922	0.3858	0.8965	0.200**	0.621	—
环境	0.909	0.4244	0.8969	−0.093	−0.266**	0.651
可持续性	0.863	—	—			

注：*表示5%的显著性水平，**表示1%的显著性水平。

3. 本书与现有其他特色小镇可持续性评价指标体系的对比与讨论

本书与现有其他特色小镇可持续性评价指标体系相比,具有:①更符合可持续性评价主流研究习惯。现有城市和建筑可持续性指标体系的研究一级指标来源于联合国可持续发展委员会(UNCSD)给出的可持续评价的指标,从经济、社会、环境三个一级指标进行研究(Tan等,2018;Li C等,2017;Yan等,2018),本书能够更好地与其他城市和建筑可持续指标进行对比研究(朱宏炜,2018)。②加入了文旅型小镇项目特色指标。现有研究虽然强调特色小镇应当强调特色产业,但较为泛化(李集生等,2018),本书结合现有研究提出"小镇文旅产业投资占比""小镇文旅产业产值占比""小镇文旅产业在本地区的集聚度""小镇文化产品销售量与生产量之比""小镇客流量""近三年新增固定资产和固定资产更新占全部固定资产的平均比例""小镇景区等级""本地特色文化展示区数量(包括商业和非商业)""小镇文旅业态的多样性""小镇文旅风格的一致性"等多个有文旅小镇特色的可持续评价指标。③研究指标体系内容更为系统全面,针对性更强。由于本书以明确的文旅型小镇为对象研究,因而本书从光、噪声、水、空气、固体废弃物、绿化、节能、清洁能源、法规等角度全面评价环境,并在此基础上加入了表征客户流量和小镇创新性的指标,使得指标体系更符合文旅型小镇的需求。

本书基于中国实践删除了"小镇景区通过数字手段可查询性""小镇有足够的警力""有足够的动植物保护标识"等三个指标。"小镇景区通过数字手段可查询性"来源于专家咨询,未见于有关文献,受访者认为该指标更适合于景区数字化指标,而非可持续评价指标。"小镇有足够的警力"来源论文认为小镇的犯罪率属于"绿色基础设施"的范畴（Ayotunde等，2018）。但我国现有国情下社会犯罪率普遍较低，文旅型小镇多为景点，有严格的景区管理措施和相对较高的门票价格，可以有效过滤大量产生犯罪的潜在群体，使得犯罪率不足以影响到小镇的可持续性。"有足够的动植物保护标识"来源论文认为保护动植物有益于环境保护，但是首先，文旅型小镇大多属于人文类旅游景观，因而涉及动植物保护内容较少，其次，目前国内保护动植物最有效的措施是通过栏杆等隔离出有效的安全距离，避免破坏，而非通过保护标识进行保护，因而未受到国内广泛重视。

5.4　特色小镇可持续性评价权重的获取

本部分通过专家访谈法，通过政府管理、高校研究、企业实践三方面的专家对指标比较进行打分，确定指标间相互的重要程度，采用AHP法确定其权重关系。

选取北京建筑大学从事特色小镇科研研究人员1人，上海新场古镇运营管理方人员1人，住房和城乡建设部从事小城镇管理人员1人，共同讨论决定各个一级指标之间相互比较的重要程度和二级指标之间相互比较的重要程度，采用AHP法，形成指标权重，形成结果如表5.5所示。可持续性评价中的经济、社会、环境三者的一致性CR为0.05156，经济内部各指标的一致性CR为0.01952，社会内部各指标的一致性CR为0.03942，环境内部各指标一致性CR为0.05886，所有一致性比例均小于0.1，符合AHP法检验要求。

文旅型小镇可持续性评价指标权重 表5.5

一级指标	权重	二级指标	权重
经济	0.198	小镇人均GDP（张帆，2018；Tan等，2018）	0.1551
		小镇近三年GDP平均增长速度（张帆，2018；Sun等，2018）	0.0869
		小镇文旅产业投资占比	0.1449
		小镇文旅产业产值占比	0.1490
		小镇文旅产业在本地区的集聚度（Li C等，2017）	0.0883
		企业主导投资占总投资比例（李集生等，2018）	0.0303
		基于全寿命周期制订可研和方案（Dawodu A等，2018）	0.0611
		小镇文化产品销售量与生产量之比	0.0571
		小镇客流量	0.2051
		近三年新增固定资产和固定资产更新占全部固定资产的平均比例	0.0202
社会	0.312	小镇景区等级	0.0891
		提供就业机会（张帆，2018）	0.2125
		接受过高等教育的人才比例（Tan Y等，2018）	0.0106
		中高级职称人才比例（朱宏炜，2018）	0.0106
		道路总里程（Tan等，2018；Li C等，2017）	0.1202
		公交系统完备度（Tan等，2018；Li C等，2017）	0.0817
		是否有公共自行车供使用（Ameen等，2019）	0.0808
		本地特色文化展示区数量（包括商业和非商业）（Ameen等，2019）	0.1103
		小镇文旅业态的多样性（Ameen等，2019）	0.0253
		小镇文旅风格的一致性	0.0183
		小镇规划GIS模型达成度和小镇建筑BIM模型达成度（Ameen等，2019）	0.0228

续表

一级指标	权重	二级指标	权重
社会	0.312	小镇是否存在利益相关方大会，大会参与方广度和讨论内容深度（Ameen等，2019）	0.1231
		小镇是否设计安全预警方案及应对哪些应急情形安全预警（Ameen等，2019）	0.0571
		小镇是否有应急疏散场所（Ameen等，2019）	0.0372
环境	0.49	小镇光污染程度（Ameen等，2019）	0.0273
		小镇噪声达标率（Li C等，2017；Ameen等，2019）	0.0373
		小镇绿化率（Li C等，2017）	0.1637
		小镇雨水回收程度（Ayotunde等，2018）	0.0141
		小镇垃圾分类程度（Yan等，2018）	0.1676
		小镇空气达标率（Li C等，2017）	0.0763
		PM2.5的年平均浓度（Kawakubo等，2017）	0.0482
		小镇污水处理占全部污水的比例（Tan等，2018）	0.1127
		小镇使用节能设备的程度（Hatefi S M等，2018）	0.0465
		无可见的污染设施（如烟囱等）（Hatefi S M等，2018）	0.0143
		使用风能、太阳能等清洁能源占所有使用能源的比例（Hatefi S M等，2018）	0.0588
		有专门针对环境保护的规定（Hatefi S M等，2018）	0.2345

5.5 研究结论

本书基于文旅型特色小镇特征，构建了符合特色小镇的可持续性评价指标体系，将特色小镇可持续性评价分为经济、社会、环境三个维度，并面向中国特色提出了小镇空气达标率、PM2.5年平均浓度、基于全寿命周期制订可研和方案等评价指标，并提出了小镇规划GIS模型达成度和小镇建筑BIM模型达成度等面向未来的指标。本书面向中国文旅型特色小镇，进一步补充了面向项目群的可持续性评价指标体系，能够辅助未来文旅型特色小镇的建设和评估，具有重要的理论和实践意义。

5.6 特色小镇可持续性评价体系的实证

1. 案例评分

北京Y镇位于H城北4km处，处于燕山和华北平原交接之处，全镇共156km^2，常住人口13000余人，镇北部有Y湖旅游度假区，2017年入选国家特色小镇。本书通过邀请三位非Y镇的特色小镇的管理者，三位高校研究特色小镇的教师，三位游览过Y湖并在Y镇短暂居住的游客共同对Y镇的可持续性进行评价，对于部分评价者不了解的情况由Y镇相关管理人员解释后进行评价。由于个体评价可能存在主观性和片面性，故本书采用模糊评价法对其进行评价。评价权重采用经过调研获得的分值，评价等级按照优秀、良好、较好、一般、较差五个等级，按5分、4分、3分、2分、1分分别对每个指标项进行打分。基于已有等级分类，认为总得分$B \geqslant 4.5$时为优秀，$4.5 > B \geqslant 3.5$时为良好，$3.5 > B \geqslant 2.5$时为较好，$2.5 > B \geqslant 1.5$时为一般，$B < 1.5$时为较差。通过汇总得到以下结果。

2. 经济评分

$B_1 = \alpha \times R = (0.1551, 0.0869, 0.1449, 0.1490, 0.0883, 0.0303, 0.0611, 0.0571, 0.2051, 0.0202) \times \begin{bmatrix} \frac{2}{9} & \frac{6}{9} & \frac{1}{9} & 0 & 0 \\ \frac{2}{9} & \frac{5}{9} & \frac{2}{9} & 0 & 0 \\ \frac{3}{9} & \frac{4}{9} & \frac{2}{9} & 0 & 0 \\ \frac{4}{9} & \frac{3}{9} & \frac{2}{9} & 0 & 0 \\ \frac{3}{9} & \frac{5}{9} & \frac{1}{9} & 0 & 0 \\ \frac{2}{9} & \frac{6}{9} & \frac{1}{9} & 0 & 0 \\ \frac{1}{9} & \frac{4}{9} & \frac{3}{9} & \frac{1}{9} & 0 \\ \frac{2}{9} & \frac{4}{9} & \frac{3}{9} & 0 & 0 \\ \frac{2}{9} & \frac{6}{9} & \frac{1}{9} & 0 & 0 \\ \frac{1}{9} & \frac{7}{9} & \frac{1}{9} & 0 & 0 \end{bmatrix} = (0.2718, 0.54, 0.1795, 0.0068, 0)$

3. 社会评分

$B_2 = \alpha \times R = (0.0891, 0.2125, 0.0106, 0.0106, 0.1202, 0.0817, 0.0808, 0.1103,$

$0.0253, 0.0183, 0.0228, 0.1231, 0.0571, 0.0372) \times \begin{bmatrix} \frac{4}{9} & \frac{5}{9} & 0 & 0 & 0 \\ \frac{2}{9} & \frac{7}{9} & 0 & 0 & 0 \\ \frac{2}{9} & \frac{4}{9} & \frac{3}{9} & 0 & 0 \\ \frac{1}{9} & \frac{4}{9} & \frac{4}{9} & 0 & 0 \\ \frac{2}{9} & \frac{4}{9} & \frac{3}{9} & 0 & 0 \\ \frac{4}{9} & \frac{4}{9} & \frac{1}{9} & 0 & 0 \\ \frac{2}{9} & \frac{2}{9} & \frac{2}{9} & \frac{3}{9} & 0 \\ \frac{2}{9} & \frac{3}{9} & \frac{4}{9} & 0 & 0 \\ \frac{2}{9} & \frac{2}{9} & \frac{5}{9} & 0 & 0 \\ \frac{5}{9} & \frac{4}{9} & 0 & 0 & 0 \\ \frac{3}{9} & \frac{3}{9} & \frac{3}{9} & 0 & 0 \\ \frac{1}{9} & \frac{2}{9} & \frac{6}{9} & 0 & 0 \\ \frac{3}{9} & \frac{4}{9} & \frac{2}{9} & 0 & 0 \\ \frac{6}{9} & \frac{3}{9} & 0 & 0 & 0 \end{bmatrix}$

$= (0.2767, 0.4551, 0.2408, 0.0269, 0)$

4. 环境评分

$B_3 = \alpha \times R = (0.0273, 0.0373, 0.1637, 0.0141, 0.1676, 0.0763, 0.0482, 0.1127,$
$0.0465, 0.0143, 0.0588, 0.2345) \times$
$\begin{bmatrix} \frac{7}{9} & \frac{2}{9} & 0 & 0 & 0 \\ \frac{5}{9} & \frac{2}{9} & \frac{2}{9} & 0 & 0 \\ \frac{9}{9} & 0 & 0 & 0 & 0 \\ 0 & 0 & \frac{2}{9} & \frac{7}{9} & 0 \\ 0 & 0 & \frac{3}{9} & \frac{6}{9} & 0 \\ 0 & \frac{3}{9} & \frac{2}{9} & \frac{3}{9} & \frac{1}{9} \\ 0 & \frac{2}{9} & \frac{4}{9} & \frac{1}{9} & \frac{1}{9} \\ \frac{6}{9} & \frac{2}{9} & \frac{1}{9} & 0 & 0 \\ \frac{3}{9} & \frac{5}{9} & \frac{1}{9} & 0 & 0 \\ \frac{4}{9} & \frac{5}{9} & 0 & 0 & 0 \\ 0 & \frac{5}{9} & \frac{4}{9} & 0 & 0 \\ \frac{3}{9} & \frac{3}{9} & \frac{3}{9} & 0 & 0 \end{bmatrix}$

$= (0.3808, 0.2202, 0.2277, 0.1588, 0.0138)$

5. 总评分

$$B = \alpha \times R = (0.198, 0.312, 0.49) \times \begin{bmatrix} 0.0718 & 0.54 & 0.1795 & 0.0068 & 0 \\ 0.2767 & 0.4551 & 0.2408 & 0.0269 & 0 \\ 0.3808 & 0.2202 & 0.2277 & 0.1588 & 0.0138 \end{bmatrix}$$

$= (0.3267, 0.3568, 0.2222, 0.0876, 0.0068)$

$5 \times 0.3267 + 4 \times 0.3568 + 3 \times 0.2222 + 2 \times 0.0876 + 1 \times 0.0068 = 3.9093$

由于最终得分 $3.5 \leqslant 3.9093 < 4.5$，因而北京Y镇的可持续能力属于良好区间。

5.7 对PPP模式下特色小镇可持续性的启示

本部分内容通过构建特色小镇可持续性评价指标，确定决定特色小镇可持续性优劣的关键指标。在全过程项目管理的情境下，这些关键指标可以帮助各省特色小镇建设单位及早认识小镇运营的可持续性问题，并可以为PPP模式下各省特色小镇建设初期可持续性设计提供依据和支撑。

第一，从经济方面看，特色小镇的实施与运营不仅要考虑引入产业带来的GDP和特色产业的投资与收益比重。对于文旅类而言，还需要考虑特色小镇的客流量。特色小镇的GDP提升代表着经营效果的改善，而特色产业投资和收益比重提升，代表特色小镇的特色产业优势更趋显著。若特色小镇将旅游定位为小镇特色产业之一，那么小镇客流量和知名度所带来的价值至关重要。换言之，对于流量较小的特色小镇而言，初期不宜以文旅作为特色产业的定位方向。

第二，从社会方面看，为社会提供就业机会仍然是特色小镇在运营期社会可持续性最重要的目标。此外利益相关方共同治理程度、道路里程数、本景区特色文化展示数量也是社会可持续的重要目标。利益相关方共同治理程度意味着各利益相关方对项目未来方向的决策可能，尽可能多地获取利益相关方的反馈，有利于从多角度重新审视项目的价值，这不仅对于文旅类小镇，对所有特色小镇的长期运营均有足够的借鉴价值。道路里程数实质上就是特色小镇的交通便利程度，交通导向是文旅类小镇发展的基础，只有道路畅通才能为小镇带来更多的客流，支撑特色小镇的经济发展。这对于所有产业定位为外向型经济的特色小镇运营均有相应的借鉴意义。本景区特色文化展示数量代表了本特色小镇与其他特色小镇的差异，是文旅型特色小镇的精华，是吸引游客的核心价值。对外向型特色小镇而言，突出其特色产业的特色，在高度凝练的基础上宣传，迅速吸引外部资源进入亦为特色小镇社会可持续的实现手段。

第三，从环境方面看，有针对环境保护的规定成为特色小镇运营期环境可持续最重要的目标。同时特色小镇的绿化率和垃圾分类程度也是环境可持续的重要目标。虽然目前我国对于环境保护的法律法规已趋于完善，但对于环境保护的实际落实仍然存在问题，因此，针对特色小镇，运营方基于国家法律和法规规定，制订环境保护的具体规定和措施成为长期进行环境保护的依据。对北京的特色小镇项目而言，在项目策划和建设阶段，就要着手环境保护具体规定和措施的制订，确定合理的奖惩措施，有助于运营期环境可持续的实现。特色小镇的绿化率也是评价环境可持续性的重要指标，这就要求对于特色小镇的规划需要在完成特色小镇的功能基础上尽可能提升相应的绿化率，包括优化空间利用提升绿化率，如屋顶建设街心公园等。特色小镇的特色产业伴随着特定的垃圾产生，因而对垃圾的分类有利于对特色产业垃圾的集中有效处理。因此，特色小镇的发展应注意特色产业与特定垃圾的对应关系，面向特色产业加强垃圾处理能力。

参考文献

[5-1] 盛世豪，张伟明. 特色小镇：一种产业空间组织形式[J]. 浙江社会科学，2016（3）：36-38.

[5-2] 李集生，王海山，王丽，等. 以可持续发展理念建设特色小镇[J]. 工程管理学报，2018（4）：81-85.

[5-3] 刘家明. 旅游特色小镇创新发展的WREATH模式与实践[J]. 旅游学刊，2018，33（5）：10-12.

[5-4] 张帆. 特色小镇PPP项目可持续性评价研究[D]. 北京：北京建筑大学，2018.

[5-5] 朱宏炜. 特色小镇可持续发展评价指标与评估方法研究[J]. 轻纺工业与技术，2018，47（5）：18-20.

[5-6] 邱皓政. 结构方程模型的原理与应用[M]. 北京：中国轻工业出版社，2009.

[5-7] Tan Y, Jiao L, Shuai C, et al. A system dynamics model for simulating urban sustainability performance: a china case study[J]. Journal of Cleaner Production，2018（199）：1107-1115.

[5-8] Sun C, Chen L, Tian Y. Study on the urban state carrying capacity for unbalanced sustainable development regions: Evidence from the Yangtze River Economic Belt[J]. Ecological indicators，2018（89）：150-158.

[5-9] Li C, Li J. Assessing Urban Sustainability Using a Multi-Scale, Theme-Based Indicator Framework: A Case Study of the Yangtze River Delta Region, China[J]. Sustainability，2017，9（11）：2072.

[5-10] Ayotunde D, Ali C, Bamidele A. The systematic selection of headline sustainable indicators for the development of future neighbourhood sustainability assessment tools for africa [J]. Sustainable Cities and Society, 2018 (41): S2210670717313781.

[5-11] Ameen M, Mourshed M. Urban sustainability assessment framework development: The ranking and weighting of sustainability indicators using analytic hierarchy process [J]. Sustainable Cities and Society, 2019 (44): 356-366.

[5-12] Yan Y, Wang C, Quan Y, et al. Urban sustainable development efficiency towards the balance between nature and human well-being: Connotation, measurement, and assessment [J]. Journal of Cleaner Production, 2018 (178): 67-75.

[5-13] Kawakubo S, Murakami S, Ikaga T, et al. Sustainability assessment of cities: SDGs and GHG emissions [J]. Building Research & Information, 2018, 46 (5): 528-539.

[5-14] Hatefi M, Tamošaitienė J. Construction projects assessment based on the sustainable development criteria by an integrated fuzzy AHP and improved GRA model [J]. Sustainability, 2018, 10 (4): 991.

[5-15] Fornell C, Larcker F. Evaluating structural equation models with unobservable variables and measurement error [J]. Journal of marketing research, 1981, 18 (1): 39-50.

第6章　基于PPP模式的特色小镇建设策略及建议

本部分内容在前述已有研究的基础上，分别面向PPP模式特色小镇和北京特色小镇提出相应的特色小镇建设策略和建议。

6.1　PPP模式下特色小镇建设开发策略

PPP模式作为一种"共同开发，利益共享，风险共担"的融资模式，适用于投资金额大、回报周期长、回报数额稳定的工程建设项目。而特色小镇项目作为片区开发的典型，恰恰符合PPP模式的要求。因此，PPP模式与特色小镇建设开发具有天然的可结合性。但是PPP模式本身的深度不确定性和特色小镇建设的复杂性的结合，使得问题更为复杂，因此面向PPP模式下特色小镇的建设开发，本书认为：

（1）对于PPP项目，采用"SPV公司+指挥部"的模式有利于项目建设开发过程中目标的实现。由指挥部负责具体工程技术、成本、施工尺度进度等控制，由SPV公司负责项目整体融资、财务、采购、项目推进尺度进度等控制，实现微观和宏观两个尺度对项目的把控。但也带来了项目管理和子项目管理中的"双头领导"问题，因此，需要SPV公司和指挥部共同办公，随时保持沟通，建立SPV公司和指挥部之间的现场决策治理机制。

对SPV公司的效能评价在第4章已经有所涉及，应当更侧重于对项目人际关系、PPP项目未来运营效率、项目利益相关方满意度、项目利益相关方参与度等维度的评价。对指挥部的效能评价应当比照SPV的效能评价体系，但更侧重于对项目"三控"效果、项目目标实现度等维度的评价，同时应当考虑技术的可实现性、新技术新材料应用等维度。

（2）项目领导小组应承担更多的协调责任，而非对项目的领导和管理责任，只把控项目宏观目标，放权给SPV公司和指挥部完成。对项目领导小组的效能评价应当从下级需求满足情况、内外部资源调配合理性、项目和团队未来发展情况等维度进行评价。

（3）建立全过程"强监管"的监督部门。复杂项目的控制无法有效实现的原因往往在于控制的破碎化，"各管一段"的模式让投机主义者在各段边界之处有机可乘。此外，"各管一段"的模式使监管部门无法从多个视角同时看一件事，往往会作出基于己方利益的判断，形成误判。

因此，需要把对业主方、总包方、分包方等的监管以及工程质量监督、工程审计、工程结算等职能整体合并成一个大的监督部门，面向参与项目建设的所有利益相关方进行全过程、全方位的监督。建立监督部门内外部"双治理"体系。强化监督部门内部治理，强调监督部门的集体办公和实时沟通，完善监督信息系统和事项备案制度，减少监督部门由于个人信息不对称造成的遗漏或误会。强化监督部门外部治理，允许被监督部门反馈解释，但避免被监督部门直接反馈，而是由项目领导小组作为监督部门的平级部门代为反馈，建立监督部门与项目领导小组的问题协商制度。

（4）提升"社会资本方+SPV公司"在项目中的地位和主人翁意识。前一阶段在PPP项目招标过程中经常出现必须采用PPP模式作为社会资本方才能中标施工合同等条件，迫使施工方成为PPP模式的社会资本方。这种做法的弊病在于：首先，施工方作为社会资本方，第一次运营项目就运营一个体量超大的特色小镇复杂项目群，由于缺乏经验极易造成项目的失败，无论是对社会资本方还是城投公司都是巨大的损失，造成了运营的低效。其次，施工方作为社会资本方，由于并非自愿，难免出现大量短视套现行为，例如倾向于PPP模式中采用BT模式，方便施工方快速获利退出项目，对项目后期运营造成极大的不确定性。最后，施工方作为社会资本方，在付款时，与城投公司始终存在地位不同等差异，使得社会资本方不能发挥其主导项目实施、提升项目效率的效果，而沦为作为小股东的城投公司的附庸。因此，选择合适的社会资本方和提升社会资本方地位十分必要。

本书第2章认为，社会资本方自身条件、过往经验、领导人偏好都会影响社会资本方的投资意愿。对于选择合适的社会资本方，应当以过往经验作为招标的否决性条件。此外，当没有愿意成为社会资本方的公司，须通过ABS等金融方式向社会募资时，可招聘有过往经验的专业人员成立代管公司，保证社会资本方的有效性。

本书第2章认为，政府、施工方、供应商、媒体、社会公众对社会资本方的支持均对社会资本方的投资意愿产生了重要影响。因此，项目各利益相关方应当尽量正面评价社会资本方行为，积极配合社会资本方完成项目。对于提升社会资本方地位，应当以社会资本方和SPV公司为共同核心设计治理模式。过往研究认为社会资本方与SPV公司之间存在上下级之间的关系，通过本书基于关系的社会网络分析，上下级关系只是一种显化关系，隐性关系中在社会资本方占控股地位的SPV公司，与社会资本方是利益共同体，因此，在责任界定时，社会资本方与SPV公司应当利益共享，连带承担责任。提升社会资本方在项目决策中的话语权，弱化项目领导小组的领导权，保持社会资本方与项目领导小组的协商机制，保证下层信息有效反馈回社会资本方，帮助社会资本方决策。弱化城投公司对SPV公司的控制，强化城投公司和监督部门的协商机制和监督部门对社会资本方的监督职能，通过城投公司反馈给监督部门监督限制社会资本方的过激行为。在效能评价中，将社会资本方的决策能力和对SPV公司的管理能力作为考核的重要维度。

6.2 特色小镇建设开发策略

特色小镇的全生命周期各个阶段均涉及多个利益相关方的协作，各方利益存在显著差异，因而只有通过一个较为完备的制度框架，构建恰当的权、责、利制度安排，才能促进特色小镇项目利益最大化。因而在特色小镇全生命周期推动群体协同治理路径应包括：

（1）特色小镇基础设施治理主体协同性。特色小镇治理主体协同性既包括了主体的多元性，又包括了多元主体之间的协同性。特色小镇治理的主体是多元化的，不应仅仅由政府主导，其治理结构应当为由运营方主导，政府、经营方、消费者、智库团队以及小镇外公众等多方参与的治理集成体，一方面加强对特色小镇基础设施的市场化改革，发挥市场价格的调节作用和协同性，减少行政命令对项目运营产生的影响。另一方面，加强特色小镇基础设施建设的协同性。协同性体现在所有利益相关方必须在前期介入，建设、运营部门要为前期决策提供合理化建议。协同性又体现在除了消费者和小镇外公众以外的其他利益相关方要建立周会、月会制度，在主导方推进下共同完善各自工作内容，建立协作激励制度，并建立消费者和小镇外公众的征询制度。特色小镇的建设开发，无论是政府部门还是运营方，都应改变管理的心态，树立服务的心态，以各方能接受的方式征求意见、执行结果。

（2）特色小镇的示范性和互补性。特色小镇的产业既要与所在经济地区产业相衔接，又要具有前瞻性和带动性。小镇的产业不仅应当是未来的发展方向，又能满足经济发展规律，还能对小镇附近相关产业发展具有带动作用。因而在建设和在运营特色小镇需定期调研所在经济地区相关产业，及时根据周边产业新趋势、新技术和新管理，对自身的产业发展方向做适当微调，保证特色小镇中特色产业的先进性和提供产品服务的有效性。特色小镇的特色产业应分散化，每项产业以一到两个小镇为主，不宜一群小镇做同一特色产业。重点发展技术研发、科研科教、对外交流等不需其他分工密切协同的高附加值产业，避免小镇越做越大，融入城市。

（3）建立长效的特色小镇辅助决策机制。特色小镇的"大治理"不仅包括项目现有参与方，还应包括项目潜在参与方。在现有智库基础上，与多所高校和研究所建立长期联系。在项目及子项目决策阶段，在智库咨询的基础上，进一步开展与决策相关的高校和研究所的辅助咨询，通过激励等手段鼓励高校和研究所提出建设性意见，在尽可能大信息量前提下做出相应决策。特色小镇建设单位、运营单位应与所在城市科研管理机构、相关大学科研部门及学校保持长期合作，辅助特色小镇决策。

（4）采用信息化技术构建特色小镇运行群综合管控平台。强调城市规划所有特色小镇的整体性，基于信息化技术（如BIM技术、区块链技术等），以单个特色小镇为单位，建立特色小镇软硬件数据库。对于突发事件，建立资源统一调配、资源按需补偿机制，促进所在城市特色小镇内部资源流动。对特色小镇基础设施进行有机更新，基于数据库精准决策，有效执行。

（5）特色小镇创新因地制宜。特色小镇的创新激励机制不应只限于原发性创新，更应鼓励适应所在经济地区特点的应用创新和与所在经济地区相关产业协作的应用创新。加强对可推广的应用创新的激励力度，推动本地化创新的推广和传播，以推广促验证，进一步总结创新模式的边界条件，促进特色小镇创新高质量转化。例如，北京是京津冀物流的核心节点，可在北京建立面向京津冀地区的智能物流小镇，集中管理京津冀地区的物流资源调配。

（6）特色小镇全生命周期的精益化。特色小镇项目确定性较强，项目单体复杂度较低，整体复杂度较高，因而适宜通过降低特色小镇项目建设和运营期间的冗余度，提升特色小镇的精益化水平。建立"总量可估算，过程可监督，结果可评价"的治理机制，通过利益相关方间协同的过程控制，减少怠工、窝工现象；通过利益相关方间的协同促进资源在特色小镇内部的自循环，减少浪费。

（7）特色小镇生活的配套性。以北京为例，特色小镇的建设是首都功能疏解的重要环节，既需要保证人口迁出不回流，避免特色小镇只拥有产业，不拥有人口，又需要保证不出现住宅和商业地产的过度开发，不能变相扩大北京城市规模。故特色小镇建设既需要产业建设，又需要根据运营方需求，由政府在前期做尽可能细致的规划，实现对教育、医疗、超市、购物中心、公园、金融服务等一系列围绕住宅的生活基础设施在规划基础上的有限量开发。

（8）特色小镇运营的可激励性。特色小镇运营需要考虑各利益相关方需要实现的目标，通过目标分解，将特色小镇的发展分解为各利益相关方的长期稳定的目标，效仿企业管理收入方式，以特色小镇的收入和政府补贴为来源，通过递延奖励等方式对特色小镇的发展予以激励。因而应当以促进特色产业发展为长期目标，以激励促发展，不应对特色小镇要求过高的盈利目标，避免特色小镇群体决策和实施行为的异化。

第 7 章 总结与展望

7.1 本书的研究内容和价值

本书通过对PPP模式下特色小镇的概念界定、社会资本方投资意愿、治理策略和效能评价研究，部分结合北京特色小镇建设和运营的实际情境，分别获得了以下结论：

在特色小镇概念界定方面，本书根据西方已有的花园城市、边缘城市等概念，结合中国实践情境对特色小镇进行了重新定义，在此基础上进一步研究总结了特色小镇的现状、分类、特征，并对北京特色小镇的特征、PPP模式用于特色小镇基础设施建设的适用性、PPP模式开发特色小镇目前存在的组织问题等内容进行定性分析。本部分研究价值在于：①将我国特色小镇和西方的花园城市、边缘城市进行了清晰地界定，对存在的差异特征分别进行了系统梳理，厘清了我国特色小镇建设和运营的价值和意义。②在此基础上，结合北京的城市定位，理论联系实践，提出了未来北京特色小镇的特征和发展方向。③根据PPP模式过往运营的问题，理论联系实践，提出特色小镇基础设施建设项目采用PPP模式的适用性和注意要点，为后续特色小镇基础设施建设项目的模式选择提供依据。

在社会资本方投资意愿方面，本书通过对山东省和浙江省体育休闲小镇的分析将投资意愿划分为五大因素：利益相关者因素、社会资本方内部因素、外部环境风险因素、小镇建设的配套措施因素、小镇区位维度等共16个指标，其中前两类因素影响程度较大。在此基础上，构建了投资意愿影响因素对投资意愿的线性回归模型，拟合结果显示，现有投资意愿影响因素较好地揭示了体育休闲小镇的社会资本方的投资意愿。本部分研究价值在于：①揭示了PPP项目核心利益相关方社会资本方参与特色小镇基础设施PPP项目的动机，为后续研究社会资本方行为预测提供依据。②揭示了PPP项目核心利益相关方社会资本方参与特色小镇基础设施PPP项目的意愿，为地方政府在建设特色小镇基础设施时招募社会资本方以及社会资本方的资格预审提供支撑和依据。

在治理框架和治理策略方面，本书结合实践和过往研究，总结了PPP模式下特色小镇建设组织的一般规律和特点。采用案例研究方法，在分析黑龙江特色小镇基础设施PPP项目建设阶段组织结构的基础上，根据交流频率和监管频率设置问卷询问各利益相关方，借助交流频率和监管频率表征利益相关方间的沟通情况和监管情况，构建利益相关方沟通网络和监督网络，并分别分析网络特征，基于社会关系，总结了特色小镇基础设施建设阶段组织信息传递的规律，并进一步理论联系实践，结合现有沟通网络和监督网络的不足，提出了基于关系的项目治理策略和治理框架。本部分研究认为PPP模式特色小镇基础设施建设组织的本质是一个复杂的项目群系统，政府与社会资本方、不同层级间的业主、业主与总包、总包与分包等多重跨组织矛盾共存，其中政府与社会资本方、不同层级间的业主矛盾为特色小镇组织的主要矛盾，应从人才的复合性、组织沟通的交互性、组织监督的全面性等健全项目的组织内与组织间的治理机制与信息有效传递和有效反馈机制,降低信息传递的延迟、误差、不对称,加强组织内部利益相关方协作的必要性认识。本部分研究的理论意义在于揭示了复杂项目群组织建设阶段的信息交流和监督规律,基于信息传递视角阐释了复杂性的特征。实践意义在于分析了特色小镇PPP项目在项目治理中存在的问题,并提出了策略和框架,为实践决策提供参考。

在效能评价方面,本部分研究根据组织所处阶段和评估层次不同,分成了对项目效能和对项目未来可持续性的评价两部分。

由于不同利益相关方的视角差异,对项目的理解存在差异,进而对项目效能的评价指标存在巨大差异,直接影响项目效能的合理评价。本书选择与项目整体利益最接近的项目建设阶段的管理方和运营方——特许经营公司为视角和调研对象,通过向不同PPP特色小镇基础设施建设项目特许经营公司员工进行问卷调研,面向京津冀地区和长三角地区的部分文旅型小镇项目组织进行访谈和调研,在数据分析的基础上,将特色小镇项目效能分为8个因素:项目"三控"效果、项目利益相关方满意度、员工主动工作、项目目标实现度、项目团队未来竞争力、项目人际关系、PPP项目未来运营效率、项目参与方参与度,共35项指标。本部分的研究价值在于构建了面向建设阶段的PPP模式特色小镇项目的微观层面效能评价指标体系,为PPP模式特色小镇项目效能评价提供特许经营公司视角的支撑,也为特许经营公司进一步改进建设阶段项目管控提供依据。

在对项目未来可持续性评价的研究中,本书仍然以京津冀地区和长三角地区的文旅型小镇组织为研究对象进行访谈和调研,构建特色小镇可持续性综合评价体系,分为经济、社会、环境三大因素共36项指标,确定了指标的权重,并通过北京Y镇案例进行了验证和修正。本部分的研究是对建设阶段项目效能研究的延伸，旨在构建能涵盖特色小镇项目建设阶段和运营阶段的宏观效能评价体系，为社会资本方和特许经营公司全过程建设和项目运营提供依据。

本书面向PPP模式下的特色小镇基础设施建设组织，在清晰界定特色小镇内涵和PPP模式适用性的基础上，将组织理论、复杂管理理论等应用于特色小镇组织，通过社会网络方法、调研访谈、问卷研究等方法，定性与定量相结合，完成了符合PPP模式下特色小镇组织特征的社会资本方投资意愿研究、治理策略研究和效能评价研究，进一步扩展了组织理论，进一步深化了PPP模式下项目群组织的研究，实践上根据北京地区的现实特点，分别提出面向北京未来建设和运营情境和面向PPP模式特色小镇基础设施建设组织的建议，为未来建设特色小镇提供一定的参考。

7.2 本书的研究不足及未来研究展望

虽然本书围绕特色小镇组织这一实践问题展开了一系列研究，获得了一系列研究成果，但尚存在一些研究不足：

首先，本书对特色小镇治理策略的研究以关系治理为主，而对合同治理方面的研究较少。虽然中国情境下以关系治理为主的柔性治理是工程治理的主要方式，但是现有研究表明，关系治理和合同治理只是在应用情境存在差异，无本质优劣之分（Cao等，2013；Benitez-Avila等，2019），合同治理在项目具体履行实现过程中同样发挥着重要制约作用。而特色小镇情境下关系治理与合同治理的关系协作交互机制是未来组织治理领域的重要研究方向。

其次，本书虽然基于理论设计框架，对PPP模式下特色小镇提出了治理框架和效能评价，但由于客观现实的局限性，目前尚无可实证的对象，因此未来还需要通过北京情境下实践的检验进一步修正理论模型，加强与北京特色小镇特色产业的进一步融合，使之能够进一步符合北京地区实践的需求。

最后，本书履行课题要求，对特色小镇的内涵、治理模式以及效能评价体系等理论要点展开了研究，并延伸研究了社会资本方的投资意愿以及特色小镇的可持续性，但对于课题线索串联，多以过往研究的文献支撑为主，而自发研究的较少。例如在PPP项目中，项目治理（关系治理）究竟如何影响效能的机制，与非PPP项目的项目治理对项目绩效/项目成功影响机制上究竟有何不同，以及社会资本方投资意愿如何通过社会资本方投资决策影响到项目治理的动态形成机制。由于研究人员社会资源较少，课题时间较短，动态追踪尚显不足，这也是在课题结题后未来两年将继续深入开展研究的重要的改进方向。

参考文献

［7-1］ Cao L, Mohan K, Ramesh B, et al. Evolution of governance: achieving ambidexterity in it outsourcing［J］. Journal of Management Information Systems，2013, 30（3）: 115-140.

［7-2］ Benitez-Avila C, Hartmann A, Dewulf G. Contractual and relational governance as positioned-practices in ongoing public–private partnership projects［J］. Project management journal, 2019, 50（6）: 716-733.